EERSTE EDITIE - Gepubliceerd in 2022

Extra grafisch materiaal van: www.freepik.com
Dank aan: Alekksall, Starline, Pch.vector, Rawpixel.com, Vectorpocket, Dgim-studio, Upklyak, Macrovector, Stockgiu, Pikisuperstar & Freepik.com Designers

Ontdek gratis online spelletjes

Hier verkrijgbaar:

BestActivityBooks.com/FREEGAMES

5 TIPS OM TE BEGINNEN!

1) HOE OP TE LOSSEN

De Puzzels zijn in een Klassiek Formaat:

- Woorden worden verborgen zonder pauzes (geen spaties, streepjes, ...)
- Oriëntatie: Voorwaarts & Achterwaarts, Boven & Beneden of in Diagonaal (kan in beide richtingen)
- Woorden kunnen elkaar overlappen of kruisen

2) ACTIEF LEREN

Naast elk woord is een spatie voorzien om de vertaling te noteren. Om actief te leren vindt u een **WOORDENBOEK** aan het einde van deze editie om uw kennis te controleren en uit te breiden. U kunt elke vertaling opzoeken en opschrijven, de woorden in de puzzel vinden en ze vervolgens aan uw woordenschat toevoegen!

3) TAG JE WOORDEN

Hebt u al geprobeerd een labelsysteem te gebruiken? U zou bijvoorbeeld de woorden die moeilijk te vinden waren kunnen markeren met een kruis, de woorden die u leuk vond met een ster, nieuwe woorden met een driehoek, zeldzame woorden met een ruit enzovoort...

4) ORGANISEER UW LEREN

Wij bieden ook een handig **NOTITIEBOEKJE** aan het eind van deze uitgave. Of u nu op vakantie, op reis of thuis bent, u kunt uw nieuwe kennis gemakkelijk ordenen zonder dat u een tweede notitieboek nodig hebt!

5) AFGESLOTEN?

Ga naar de bonussectie: **FINAAL UITDAGING** om een gratis spel te vinden dat aan het einde van deze editie wordt aangeboden!

Wil je meer leuke en leerzame activiteiten? Het is Snel en Eenvoudig!
Een hele collectie spelboeken slechts **één klik verwijderd!**

Vind uw volgende uitdaging bij:

BestActivityBooks.com/MijnVolgendeBoek

Klaar... Start!

Wist u dat er zo'n 7000 verschillende talen in de wereld zijn? Woorden zijn kostbaar.

We houden van talen en hebben hard gewerkt om de boeken van de hoogste kwaliteit voor u te maken. Onze ingrediënten?

Een selectie van onmisbare leerthema's, drie grote plakken plezier, dan voegen we er een lepel moeilijke woorden en een snuifje zeldzame woorden aan toe. We serveren ze met zorg en een maximum aan verrukking, zodat je de beste woordspelletjes kunt oplossen en veel plezier beleeft aan het leren!

Uw feedback is essentieel. U kunt een actieve bijdrage leveren aan het succes van dit boek door een recensie achter te laten. Vertel ons wat u het meest beviel in deze editie!

Hier is een korte link die u naar uw bestelpagina brengt:

BestBooksActivity.com/Recensies50

Bedankt voor uw hulp en veel plezier met het spel!

Linguas Classics

1 - Metingen

Ο	Γ	Ρ	Α	Μ	Μ	Ά	Ρ	Ι	Ο	Έ	Δ	Γ	Ρ
Π	Υ	Ψ	Ο	Σ	Ε	Κ	Α	Τ	Ο	Σ	Τ	Ό	Μ
Β	Β	Γ	Έ	Ν	Τ	Α	Σ	Η	Γ	Δ	Ε	Ο	Ί
Δ	Α	Σ	Γ	Χ	Ι	Λ	Ι	Ό	Μ	Ε	Τ	Ρ	Ο
Ρ	Χ	Θ	Π	Ι	Σ	Ι	Ο	Ν	Ά	Κ	Ό	Έ	Ξ
Ι	Γ	Λ	Μ	Β	Ά	Θ	Ο	Σ	Ζ	Α	Ν	Γ	Ω
Μ	Ψ	Ε	Λ	Ό	Ν	Η	Ι	Ί	Α	Δ	Ο	Χ	Ι
Σ	Έ	Π	Ί	Ψ	Σ	Ψ	Χ	Σ	Α	Ι	Σ	Γ	Ξ
Ί	Ψ	Τ	Τ	Α	Ί	Τ	Υ	Μ	Ή	Κ	Ο	Σ	Ξ
Ν	Ω	Ό	Ρ	Γ	Ρ	Α	Ν	Τ	Ί	Ό	Έ	Ξ	Ψ
Τ	Ω	Β	Ο	Ο	Π	Β	Α	Ζ	Υ	Γ	Ί	Ζ	Ω
Σ	Ψ	Η	Φ	Ι	Ο	Λ	Ε	Ξ	Η	Η	Η	Λ	Ρ
Α	Ί	Δ	Μ	Ξ	Ί	Δ	Τ	Π	Λ	Ά	Τ	Ο	Σ
Χ	Ι	Λ	Ι	Ό	Γ	Ρ	Α	Μ	Μ	Ο	Σ	Ε	Α

ΠΛΆΤΟΣ
ΨΗΦΙΟΛΕΞΗ
ΕΚΑΤΟΣΤΌ
ΔΕΚΑΔΙΚΌ
ΒΆΘΟΣ
ΖΥΓΊΖΩ
ΒΑΘΜΌΣ
ΓΡΑΜΜΆΡΙΟ
ΎΨΟΣ
ΊΝΤΣΑ

ΧΙΛΙΌΓΡΑΜΜΟ
ΧΙΛΙΌΜΕΤΡΟ
ΜΉΚΟΣ
ΛΊΤΡΟ
ΜΆΖΑ
ΜΈΤΡΟ
ΛΕΠΤΌ
ΟΥΓΓΙΆ
ΤΌΝΟΣ
ΈΝΤΑΣΗ

2 - Keuken

Ε	Β	Κ	Μ	Α	Χ	Α	Ί	Ρ	Ι	Α	Κ	Μ	Β
Ω	Β	Ψ	Α	Υ	Ο	Σ	Η	Τ	Ξ	Σ	Ο	Π	Ρ
Φ	Ο	Ύ	Ρ	Ν	Ο	Σ	Ι	Ρ	Ε	Φ	Υ	Α	Α
Σ	Ψ	Γ	Σ	Χ	Ά	Ρ	Α	Ο	Μ	Ο	Τ	Χ	Σ
Υ	Ν	Η	Ρ	Ρ	Χ	Τ	Ξ	Φ	Π	Υ	Ά	Α	Τ
Κ	Ύ	Π	Ε	Λ	Λ	Α	Α	Ή	Ο	Γ	Λ	Ρ	Ή
Ο	Σ	Ψ	Σ	Ί	Δ	Ί	Ο	Ρ	Λ	Γ	Α	Ι	Ρ
Υ	Ξ	Υ	Λ	Ά	Κ	Ι	Α	Μ	Υ	Ά	Δ	Κ	Α
Τ	Σ	Γ	Ν	Υ	Χ	Ι	Ε	Β	Λ	Ρ	Ψ	Ό	Σ
Ά	Ι	Ε	Ρ	Τ	Λ	Σ	Η	Λ	Π	Ι	Έ	Σ	Ρ
Λ	Ί	Ί	Ε	Η	Α	Υ	Έ	Ρ	Μ	Ο	Β	Ν	Ι
Ι	Β	Ο	Ρ	Τ	Β	Γ	Υ	Γ	Λ	Σ	Δ	Ί	Γ
Α	Ν	Ω	Τ	Β	Γ	Υ	Ή	Ω	Υ	Ψ	Λ	Ι	Υ
Χ	Α	Ρ	Τ	Ο	Π	Ε	Τ	Σ	Έ	Τ	Α	Σ	Ά

ΚΎΠΕΛΛΑ   ΦΟΎΡΝΟΣ
ΞΥΛΆΚΙΑ   ΚΟΥΤΆΛΑ
ΣΧΆΡΑ   ΣΥΝΤΑΓΉ
ΒΡΑΣΤΉΡΑΣ   ΠΟΔΙΆ
ΨΥΓΕΊΟ   ΧΑΡΤΟΠΕΤΣΈΤΑ
ΜΠΟΛ   ΜΠΑΧΑΡΙΚΌ
ΚΑΝΆΤΑ   ΣΦΟΥΓΓΆΡΙ
ΚΟΥΤΆΛΙΑ   ΤΡΟΦΉ
ΜΑΧΑΊΡΙΑ

3 - Boten

```
Μ  Π  Λ  Ή  Ρ  Ω  Μ  Α  Χ  Ι  Ρ  Τ  Α  Σ
Σ  Η  Μ  Α  Δ  Ο  Ύ  Ρ  Α  Δ  Ρ  Ω  Χ  Χ
Ρ  Ω  Χ  Ρ  Τ  Ψ  Δ  Λ  Ξ  Α  Ι  Λ  Έ  Ε
Ψ  Κ  Ν  Α  Έ  Ί  Ο  Ί  Ί  Γ  Ι  Ο  Τ  Δ
Μ  Ε  Μ  Κ  Ν  Π  Ο  Ρ  Θ  Μ  Ε  Ί  Ο  Ί
Σ  Α  Σ  Α  Α  Ή  Σ  Ω  Ξ  Α  Ν  Σ  Κ  Α
Θ  Ν  Ω  Τ  Υ  Π  Χ  Ι  Ί  Υ  Ρ  Η  Α  Έ
Ά  Ό  Σ  Ά  Τ  Ο  Ο  Μ  Ρ  Π  Α  Ν  Γ  Ο
Λ  Σ  Ί  Ρ  Ι  Τ  Ι  Β  Ε  Ί  Ε  Α  Ι  Γ
Α  Μ  Β  Τ  Κ  Α  Ν  Έ  Ά  Ν  Ί  Α  Ά  Η
Σ  Β  Ι  Ι  Ό  Μ  Ί  Έ  Ο  Θ  Ν  Γ  Κ  Ψ
Σ  Κ  Α  Ν  Ό  Ό  Ί  Ξ  Ω  Ί  Ρ  Ξ  Λ  Λ
Α  Ρ  Τ  Λ  Η  Σ  Ξ  Έ  Κ  Ύ  Μ  Α  Τ  Α
Ν  Ά  Γ  Κ  Υ  Ρ  Α  Ο  Δ  Η  Τ  Ξ  Ε  Η
```

ΆΓΚΥΡΑ	ΜΗΧΑΝΉ
ΠΛΉΡΩΜΑ	ΝΑΥΤΙΚΌ
ΣΗΜΑΔΟΎΡΑ	ΩΚΕΑΝΌΣ
ΑΠΟΒΆΘΡΑ	ΣΩΣΊΒΙΑ
ΚΎΜΑΤΑ	ΠΟΤΑΜΌΣ
ΓΙΟΤ	ΣΧΟΙΝΊ
ΚΑΓΙΆΚ	ΠΟΡΘΜΕΊΟ
ΚΑΝΌ	ΣΧΕΔΊΑ
ΚΑΤΆΡΤΙ	ΘΆΛΑΣΣΑ
ΛΊΜΝΗ	

4 - Chocolade

Σ	Υ	Σ	Τ	Α	Τ	Ι	Κ	Ό	Τ	Θ	Ρ	Ο	Η
Κ	Υ	Λ	Δ	Τ	Χ	Δ	Τ	Ο	Ι	Ε	Α	Ν	Λ
Ό	Κ	Ν	Γ	Λ	Υ	Κ	Ό	Β	Ο	Ρ	Ψ	Π	Ν
Ν	Α	Ψ	Τ	Ρ	Ο	Κ	Α	Ρ	Α	Μ	Έ	Λ	Α
Η	Κ	Ι	Κ	Α	Ρ	Ύ	Δ	Α	Γ	Ι	Ν	Ά	Ε
Α	Ά	Ι	Σ	Λ	Γ	Ε	Ύ	Σ	Η	Δ	Ό	Ρ	Ξ
Η	Ο	Ί	Η	Α	Ω	Ή	Μ	Τ	Α	Ε	Σ	Ω	Ω
Ε	Ρ	Φ	Ι	Σ	Τ	Ί	Κ	Ι	Α	Σ	Τ	Μ	Τ
Π	Ι	Κ	Ρ	Ή	Ζ	Ά	Χ	Α	Ρ	Η	Ι	Α	Ι
Σ	Ω	Ε	Π	Ο	Ι	Ό	Τ	Η	Τ	Α	Μ	Ξ	Κ
Α	Γ	Α	Π	Η	Μ	Έ	Ν	Ο	Σ	Η	Ο	Ω	Ό
Σ	Η	Β	Ι	Ο	Τ	Ε	Χ	Ν	Ι	Κ	Ή	Η	Π
Ρ	Δ	Δ	Σ	Ψ	Ψ	Σ	Ν	Μ	Υ	Υ	Ψ	Δ	Υ
Υ	Γ	Π	Τ	Σ	Ρ	Ί	Ν	Α	Ί	Τ	Ν	Η	Α

ΆΡΩΜΑ
ΒΙΟΤΕΧΝΙΚΉ
ΠΙΚΡΉ
ΚΑΚΆΟ
ΘΕΡΜΊΔΕΣ
ΕΞΩΤΙΚΌ
ΑΓΑΠΗΜΈΝΟΣ
ΝΌΣΤΙΜΟ
ΣΥΣΤΑΤΙΚΌ

ΚΑΡΑΜΈΛΑ
ΚΑΡΎΔΑ
ΠΟΙΌΤΗΤΑ
ΦΙΣΤΊΚΙΑ
ΣΚΌΝΗ
ΣΥΝΤΑΓΉ
ΓΕΎΣΗ
ΖΆΧΑΡΗ
ΓΛΥΚΌ

5 - Tijd

```
Ξ  Α  Σ  Γ  Χ  Ε  Β  Δ  Ο  Μ  Ά  Δ  Α  Τ
Χ  Ο  Τ  Ν  Ω  Ο  Μ  Π  Τ  Λ  Ψ  Ω  Π  Ώ
Η  Μ  Π  Β  Ί  Έ  Ψ  Μ  Σ  Ψ  Ί  Α  Η  Ρ
Π  Έ  Α  Ψ  Υ  Ε  Ρ  Δ  Γ  Μ  Α  Ι  Χ  Α
Λ  Ρ  Μ  Έ  Λ  Λ  Ο  Ν  Η  Α  Δ  Ώ  Θ  Σ
Μ  Α  Ω  Τ  Λ  Η  Τ  Γ  Μ  Ω  Ξ  Ν  Ε  Ε
Ε  Λ  Δ  Ί  Τ  Σ  Σ  Ξ  Ε  Μ  Σ  Α  Σ  Γ
Σ  Η  Ε  Τ  Ή  Σ  Ι  Α  Ρ  Χ  Ή  Σ  Ι  Ν
Η  Ρ  Κ  Π  Μ  Ε  Τ  Ά  Ο  Α  Μ  Ν  Γ  Λ
Μ  Ο  Α  Ξ  Τ  Ω  Μ  Τ  Λ  Υ  Ε  Υ  Α  Ι
Έ  Λ  Ε  Σ  Π  Ό  Π  Έ  Ό  Ε  Ρ  Γ  Α  Σ
Ρ  Ό  Τ  Μ  Ν  Γ  Ω  Γ  Γ  Τ  Α  Ώ  Σ  Χ
Ι  Ι  Ί  Ν  Ύ  Χ  Τ  Α  Ι  Ο  Υ  Ρ  Ψ  Ί
Λ  Β  Α  Χ  Β  Ο  Υ  Σ  Ο  Σ  Ξ  Α  Ω  Π
```

ΜΈΡΑ	ΛΕΠΤΌ
ΔΕΚΑΕΤΊΑ	ΜΕΤΆ
ΑΙΏΝΑΣ	ΝΎΧΤΑ
ΧΘΕΣ	ΤΏΡΑ
ΕΤΟΣ	ΠΡΩΪ
ΕΤΉΣΙΑ	ΜΈΛΛΟΝ
ΗΜΕΡΟΛΌΓΙΟ	ΏΡΑ
ΡΟΛΌΙ	ΣΉΜΕΡΑ
ΜΉΝΑΣ	ΑΡΧΉ
ΜΕΣΗΜΈΡΙ	ΕΒΔΟΜΆΔΑ

6 - Meditatie

```
Σ  Η  Π  Ρ  Ο  Σ  Ο  Χ  Ή  Α  Μ  Υ  Λ  Ε
Υ  Έ  Τ  Ρ  Υ  Π  Μ  Λ  Ί  Π  Ο  Π  Α  Υ
Ν  Λ  Υ  Ρ  Ο  Χ  Ο  Έ  Σ  Ο  Υ  Α  Ν  Γ
Α  Ψ  Χ  Λ  Α  Ο  Χ  Υ  Ρ  Δ  Σ  Ρ  Α  Ν
Ι  Σ  Τ  Ά  Σ  Η  Π  Χ  Ξ  Ο  Ι  Α  Π  Ω
Σ  Ι  Ρ  Μ  Υ  Υ  Μ  Τ  Χ  Χ  Κ  Τ  Ν  Μ
Θ  Ω  Ε  Ι  Ρ  Ή  Ν  Η  Ι  Ή  Ή  Ή  Ο  Ο
Ή  Π  Υ  Ψ  Υ  Χ  Ι  Κ  Ή  Κ  Δ  Ρ  Ή  Σ
Μ  Ή  Τ  Λ  Κ  Ί  Ν  Η  Σ  Η  Ή  Η  Λ  Ύ
Α  Δ  Υ  Ν  Ο  Β  Α  Γ  Χ  Φ  Ύ  Σ  Η  Ν
Τ  Ο  Χ  Έ  Σ  Κ  Έ  Ψ  Η  Α  Γ  Η  Λ  Η
Α  Β  Ί  Σ  Υ  Μ  Π  Ό  Ν  Ι  Α  Π  Β  Σ
Ψ  Σ  Α  Φ  Ή  Ν  Ε  Ι  Α  Ε  Μ  Α  Β  Ω
Κ  Α  Λ  Ο  Σ  Ύ  Ν  Η  Υ  Σ  Ι  Ί  Ρ  Β
```

ΠΡΟΣΟΧΉ	ΣΥΜΠΌΝΙΑ
ΑΠΟΔΟΧΉ	ΨΥΧΙΚΉ
ΑΝΑΠΝΟΉ	ΜΟΥΣΙΚΉ
ΚΊΝΗΣΗ	ΦΎΣΗ
ΕΥΓΝΩΜΟΣΎΝΗ	ΠΑΡΑΤΉΡΗΣΗ
ΣΥΝΑΙΣΘΉΜΑΤΑ	ΠΡΟΟΠΤΙΚΉ
ΣΚΈΨΗ	ΣΙΩΠΉ
ΕΥΤΥΧΊΑ	ΕΙΡΉΝΗ
ΣΑΦΉΝΕΙΑ	ΚΑΛΟΣΎΝΗ
ΣΤΆΣΗ	

7 - Zomer

```
Ί  Π  Ψ  Κ  Π  Χ  Α  Λ  Ά  Ρ  Ω  Σ  Η  Σ
Δ  Ε  Ξ  Υ  Α  Κ  Ά  Μ  Π  Ι  Ν  Γ  Κ  Α
Ο  Ι  Ι  Ο  Ρ  Τ  Α  Ξ  Ί  Δ  Ι  Γ  Σ  Ν
Μ  Β  Ο  Ε  Α  Ρ  Α  Χ  Ω  Μ  Λ  Μ  Ε  Δ
Ο  Β  Φ  Ί  Λ  Ο  Ι  Δ  Β  Ο  Έ  Ο  Ψ  Ά
Α  Ι  Ω  Γ  Ί  Φ  Β  Π  Ύ  Υ  Η  Ε  Ι  Λ
Ν  Β  Κ  Σ  Α  Ή  Χ  Ι  Ί  Σ  Π  Ί  Τ  Ι
Α  Λ  Ν  Ο  Χ  Α  Ρ  Ά  Έ  Ι  Ε  Σ  Β  Α
Ψ  Ι  Ν  Ί  Γ  Δ  Τ  Ο  Β  Κ  Ν  Ι  Β  Π
Υ  Α  Υ  Δ  Β  Έ  Ο  Σ  Σ  Ή  Υ  Λ  Σ  Π
Χ  Ψ  Ω  Μ  Δ  Λ  Ν  Α  Σ  Τ  Έ  Ρ  Ι  Α
Ή  Ρ  Α  Σ  Ω  Χ  Ι  Ε  Λ  Α  Έ  Υ  Ι  Ξ
Δ  Ι  Α  Κ  Ο  Π  Έ  Σ  Ι  Έ  Β  Ο  Ω  Σ
Ε  Λ  Κ  Ή  Π  Ο  Σ  Σ  Β  Α  Η  Ξ  Ί  Ω
```

ΒΙΒΛΙΑ
ΚΑΤΑΔΎΣΕΙΣ
ΟΙΚΟΓΈΝΕΙΑ
ΣΠΊΤΙ
ΚΆΜΠΙΝΓΚ
ΜΟΥΣΙΚΉ
ΧΑΛΆΡΩΣΗ
ΤΑΞΊΔΙ
ΣΑΝΔΆΛΙΑ

ΑΣΤΈΡΙΑ
ΠΑΡΑΛΊΑ
ΚΉΠΟΣ
ΔΙΑΚΟΠΈΣ
ΤΡΟΦΉ
ΧΑΡΆ
ΦΊΛΟΙ
ΑΝΑΨΥΧΉ

8 - Vogels

Κ	Π	Α	Γ	Ώ	Ν	Ι	Σ	Δ	Ε	Ι	Β	Ρ	Τ
Ο	Ά	Κ	Ύ	Κ	Ν	Ο	Σ	Ι	Π	Ί	Ι	Ε	Π
Ύ	Π	Ψ	Β	Υ	Η	Έ	Ε	Έ	Ι	Ι	Χ	Ν	Α
Κ	Ι	Ο	Π	Ε	Λ	Ε	Κ	Α	Ν	Η	Ο	Α	Π
Ο	Α	Σ	Ρ	Σ	Π	Ο	Υ	Ρ	Γ	Ί	Τ	Ι	Α
Σ	Ί	Κ	Ο	Υ	Κ	Ο	Υ	Β	Ά	Γ	Ι	Α	Γ
Π	Ι	Γ	Κ	Ο	Υ	Ί	Ν	Ο	Σ	Ι	Ε	Ξ	Ά
Α	Ε	Τ	Ό	Σ	Γ	Γ	Ε	Ρ	Ά	Κ	Ι	Β	Λ
Υ	Π	Ε	Ρ	Ι	Σ	Τ	Έ	Ρ	Ι	Σ	Η	Ί	Ο
Γ	Λ	Ά	Ρ	Ο	Σ	Π	Ε	Λ	Α	Ρ	Γ	Ό	Σ
Ό	Φ	Λ	Α	Μ	Ί	Ν	Γ	Κ	Ο	Β	Ε	Ψ	Χ
Κ	Ο	Τ	Ό	Π	Ο	Υ	Λ	Ο	Τ	Β	Ι	Μ	Ή
Ε	Ρ	Ω	Δ	Ι	Ο	Σ	Ε	Τ	Ο	Υ	Κ	Ά	Ν
Ν	Ξ	Υ	Σ	Λ	Ν	Έ	Έ	Έ	Γ	Ο	Ξ	Ρ	Α

ΑΕΤΌΣ	ΣΠΟΥΡΓΊΤΙ
ΠΕΡΙΣΤΈΡΙ	ΠΕΛΑΡΓΌΣ
ΠΆΠΙΑ	ΠΑΠΑΓΆΛΟΣ
ΑΥΓΌ	ΠΑΓΏΝΙ
ΦΛΑΜΊΝΓΚΟ	ΠΕΛΕΚΑΝ
ΧΉΝΑ	ΠΙΓΚΟΥΐΝΟΣ
ΓΕΡΆΚΙ	ΕΡΩΔΙΟΣ
ΚΟΤΌΠΟΥΛΟ	ΤΟΥΚΆΝ
ΚΟΎΚΟΣ	ΚΟΥΚΟΥΒΆΓΙΑ
ΓΛΆΡΟΣ	ΚΎΚΝΟΣ

9 - Behoud

E	B	Ι	Ο	Λ	Ο	Γ	Ι	Κ	Ή	Α	Α	Έ	Φ
Θ	Ξ	Η	Έ	Ρ	Β	Ι	Ώ	Σ	Ι	Μ	Η	Ρ	Υ
Ε	Τ	Ρ	Κ	Ύ	Κ	Λ	Ο	Σ	Η	Η	Ξ	Γ	Τ
Λ	Ο	Τ	Λ	Π	Ι	Σ	Ι	Π	Έ	Μ	Ε	Ψ	Ο
Ο	Α	Ρ	Ί	Α	Τ	Σ	Κ	Ρ	Υ	Ο	Π	Σ	Φ
Ν	Μ	Μ	Μ	Ν	Χ	Α	Ο	Ά	Α	Γ	Ν	Έ	Ά
Τ	Ι	Ψ	Α	Σ	Τ	Ι	Σ	Σ	Ν	Ν	Ε	Χ	Ρ
Ή	Γ	Υ	Σ	Η	Ω	Ο	Ύ	Ι	Η	Γ	Ρ	Ί	Μ
Σ	Χ	Η	Μ	Ι	Κ	Ή	Σ	Ν	Σ	Φ	Ό	Ν	Α
Δ	Ν	Ψ	Ρ	Δ	Γ	Τ	Ο	Υ	Υ	Ο	Έ	Κ
Ω	Δ	Χ	Ψ	Ο	Γ	Λ	Η	Έ	Χ	Σ	Ί	Ο	Ο
Σ	Α	Σ	Λ	Δ	Δ	Ί	Μ	Τ	Ί	Ι	Έ	Ί	Β
Α	Ν	Ψ	Ψ	Ο	Ω	Ν	Α	Η	Α	Κ	Μ	Σ	Λ
Ε	Κ	Π	Α	Ί	Δ	Ε	Υ	Σ	Η	Ή	Τ	Γ	Υ

ΧΗΜΙΚΉ	ΕΚΠΑΊΔΕΥΣΗ
ΒΙΏΣΙΜΗ	ΒΙΟΛΟΓΙΚΉ
ΟΙΚΟΣΎΣΤΗΜΑ	ΦΥΤΟΦΆΡΜΑΚΟ
ΚΎΚΛΟΣ	ΡΎΠΑΝΣΗ
ΥΓΕΊΑ	ΕΘΕΛΟΝΤΉΣ
ΠΡΆΣΙΝΟ	ΝΕΡΌ
ΚΛΊΜΑ	ΑΝΗΣΥΧΊΑ
ΦΥΣΙΚΉ	

10 - Wiskunde

```
Έ  Ν  Τ  Α  Σ  Η  Δ  Κ  Π  Δ  Β  Χ  Γ  Λ
Ρ  Η  Η  Έ  Υ  Ο  Δ  Ι  Ά  Ί  Υ  Ι  Ω  Έ
Ά  Θ  Ρ  Ο  Ι  Σ  Μ  Α  Α  Θ  Π  Λ  Ν  Δ
Ν  Ξ  Α  Α  Β  Δ  Π  Γ  Ο  Ί  Ε  Ί  Ί  Ι
Έ  Η  Ρ  Σ  Α  Ψ  Υ  Ε  Ρ  Π  Ρ  Τ  Α  Ψ
Δ  Β  Ι  Μ  Ο  Β  Μ  Ω  Θ  Λ  Ι  Ε  Ο  Ο
Ε  Κ  Θ  Έ  Τ  Η  Ε  Μ  Ο  Α  Φ  Ρ  Σ  Σ
Κ  Ί  Μ  Έ  Ρ  Ε  Ξ  Ε  Γ  Τ  Έ  Δ  Φ  Η
Α  Χ  Η  Ε  Ι  Υ  Ί  Τ  Ώ  Ε  Ρ  Ο  Α  Τ
Δ  Π  Τ  Π  Γ  Ί  Σ  Ρ  Ν  Ί  Ε  Χ  Ί  Α
Ι  Σ  Ι  Υ  Ώ  Ω  Ω  Ί  Ι  Α  Ι  Τ  Ρ  Ω
Κ  Ο  Κ  Η  Ν  Ω  Σ  Α  Ο  Ρ  Α  Ψ  Α  Ρ
Ό  Υ  Ή  Η  Ο  Σ  Η  Κ  Λ  Ά  Σ  Μ  Α  Ν
Χ  Ι  Β  Π  Υ  Σ  Υ  Μ  Μ  Ε  Τ  Ρ  Ί  Α
```

ΣΦΑΊΡΑ
ΔΕΚΑΔΙΚΌ
ΔΙΑΊΡΕΣΗ
ΤΡΙΓΏΝΟΥ
ΕΚΘΈΤΗ
ΚΛΆΣΜΑ
ΓΕΩΜΕΤΡΊΑ
ΓΩΝΊΑ
ΚΆΘΕΤΟΣ

ΠΕΡΙΦΈΡΕΙΑ
ΟΡΘΟΓΏΝΙΟ
ΑΡΙΘΜΗΤΙΚΉ
ΆΘΡΟΙΣΜΑ
ΣΥΜΜΕΤΡΊΑ
ΕΞΊΣΩΣΗ
ΠΛΑΤΕΊΑ
ΈΝΤΑΣΗ

11 - Camping

```
Π  Ε  Ρ  Ι  Π  Έ  Τ  Ε  Ι  Α  Σ  Κ  Α  Έ
Κ  Υ  Ν  Ή  Γ  Ι  Π  Α  Π  Υ  Α  Α  Λ  Ν
Δ  Ε  Α  Δ  Π  Έ  Υ  Λ  Β  Ο  Υ  Ν  Ό  Τ
Ψ  Έ  Ω  Ί  Ι  Γ  Ξ  Κ  Ί  Β  Υ  Ό  Δ  Ο
Χ  Ρ  Ν  Π  Λ  Π  Ί  Α  Ι  Μ  Μ  Σ  Α  Μ
Π  Λ  Ο  Τ  Β  Ε  Δ  Μ  Ξ  Λ  Ν  Κ  Σ  Ο
Ω  Τ  Ί  Τ  Ρ  Κ  Α  Π  Έ  Λ  Ο  Η  Ο  Φ
Φ  Σ  Ω  Τ  Έ  Α  Ι  Ί  Γ  Ρ  Ν  Ν  Σ  Ω
Ύ  Ε  Ζ  Ώ  Α  Μ  Ώ  Ν  Ω  Α  Ε  Ή  Σ  Τ
Σ  Ρ  Γ  Μ  Ξ  Ο  Ρ  Α  Ί  Έ  Α  Χ  Χ  Ι
Η  Ψ  Η  Γ  Ψ  Φ  Α  Ν  Ά  Ρ  Ι  Ά  Ο  Ά
Ρ  Ν  Ψ  Δ  Ά  Ξ  Ε  Ε  Ν  Ω  Υ  Ρ  Ι  Υ
Ω  Α  Ι  Ο  Β  Ρ  Έ  Β  Μ  Ν  Δ  Τ  Ν  Μ
Η  Έ  Υ  Ι  Ο  Λ  Ι  Η  Δ  Έ  Ν  Η  Ί  Γ
```

ΠΕΡΙΠΈΤΕΙΑ   ΚΥΝΉΓΙ
ΒΟΥΝΌ   ΧΆΡΤΗ
ΔΈΝΤΡΑ   ΚΑΝΌ
ΔΆΣΟΣ   ΠΥΞΊΔΑ
ΦΩΤΙΆ   ΦΑΝΆΡΙ
ΚΑΜΠΊΝΑ   ΦΕΓΓΆΡΙ
ΖΏΑ   ΛΊΜΝΗ
ΑΙΏΡΑ   ΦΎΣΗ
ΚΑΠΈΛΟ   ΣΚΗΝΉ
ΈΝΤΟΜΟ   ΣΧΟΙΝΊ

12 - Activiteiten

```
K  Z  Ω  Γ  Ρ  Α  Φ  Ι  Κ  Ή  Κ  Τ  Έ  Έ
Ε  Δ  Έ  Ν  Β  Ε  Α  Ν  Α  Ψ  Υ  Χ  Ή  Υ
Ρ  Σ  Ψ  Σ  Ι  Τ  Έ  Χ  Ν  Η  Ν  Α  Σ  Ψ
Α  Κ  Η  Π  Ο  Υ  Ρ  Ι  Κ  Ή  Ή  Λ  Γ  Τ
Μ  Ν  Ρ  Χ  Τ  Α  Π  Τ  Ε  Π  Γ  Ά  Κ  Μ
Ι  Ψ  Ά  Ρ  Ε  Μ  Α  Α  Π  Υ  Ι  Ρ  Ά  Α
Κ  Α  Ψ  Γ  Χ  Ν  Π  Β  Ζ  Χ  Μ  Ω  Μ  Γ
Ή  Η  Ι  Ρ  Ν  Μ  Ω  Χ  Μ  Λ  Δ  Σ  Π  Ε
Ψ  Λ  Μ  Ρ  Ί  Ω  Γ  Σ  Α  Ε  Υ  Η  Ι  Ί
Π  Μ  Ο  Σ  Α  Ψ  Σ  Ξ  Ί  Τ  Β  Ν  Ν  Α
Ί  Ρ  Χ  Ν  Ψ  Ν  Χ  Η  Η  Υ  Τ  Ε  Γ  Α
Φ  Ω  Τ  Ο  Γ  Ρ  Α  Φ  Ί  Α  Ν  Τ  Κ  Ε
Π  Α  Ι  Χ  Ν  Ί  Δ  Ι  Α  Ν  Ν  Γ  Υ  Δ
Δ  Ρ  Α  Σ  Τ  Η  Ρ  Ι  Ό  Τ  Η  Τ  Α  Ί
```

ΔΡΑΣΤΗΡΙΌΤΗΤΑ
ΒΙΟΤΕΧΝΊΑ
ΦΩΤΟΓΡΑΦΊΑ
ΠΑΙΧΝΊΔΙΑ
ΨΆΡΕΜΑ
ΚΥΝΉΓΙ
ΚΆΜΠΙΝΓΚ
ΚΕΡΑΜΙΚΉ
ΤΈΧΝΗ

ΑΝΆΓΝΩΣΗ
ΜΑΓΕΊΑ
ΡΆΨΙΜΟ
ΧΑΛΆΡΩΣΗ
ΠΑΖΛ
ΖΩΓΡΑΦΙΚΉ
ΚΗΠΟΥΡΙΚΉ
ΑΝΑΨΥΧΉ

13 - Vormen

```
Έ  Δ  Ψ  Έ  Ψ  Τ  Π  Π  Λ  Ε  Υ  Ρ  Ά  Τ
Α  Λ  Υ  Ι  Α  Ω  Ρ  Υ  Ι  Π  Π  Π  Κ  Ό
Τ  Ν  Λ  Σ  Ε  Η  Ί  Ρ  Ε  Ω  Ε  Λ  Ρ  Ξ
Η  Ρ  Η  Ε  Υ  Γ  Σ  Α  Υ  Τ  Ρ  Α  Η  Ο
Τ  Δ  Λ  Α  Ι  Ρ  Μ  Μ  Ξ  Μ  Β  Τ  Ξ  Σ
Ί  Π  Π  Ψ  Η  Ψ  Α  Ί  Ω  Υ  Ο  Ε  Ο  Δ
Γ  Ω  Ν  Ί  Α  Κ  Η  Δ  Ο  Η  Λ  Ί  Ν  Η
Γ  Ρ  Α  Μ  Μ  Ή  Α  Α  Έ  Έ  Ή  Α  Ψ  Ν
Κ  Κ  Ύ  Κ  Λ  Ο  Σ  Μ  Σ  Φ  Α  Ί  Ρ  Α
Ύ  Κ  Ώ  Ν  Ο  Σ  Ψ  Π  Π  Η  Υ  Ξ  Μ  Ξ
Β  Τ  Ρ  Ι  Γ  Ώ  Ν  Ο  Υ  Ύ  Δ  Ξ  Υ  Ν
Ο  Κ  Ύ  Λ  Ι  Ν  Δ  Ρ  Ο  Σ  Λ  Δ  Λ  Π
Σ  Ο  Ρ  Θ  Ο  Γ  Ώ  Ν  Ι  Ο  Ρ  Η  Ι  Η
Π  Ο  Λ  Ύ  Γ  Ω  Ν  Ο  Γ  Α  Λ  Υ  Ψ  Ι
```

ΣΦΑΪΡΑ	ΚΎΒΟΣ
ΤΌΞΟ	ΓΡΑΜΜΉ
ΚΎΛΙΝΔΡΟΣ	ΈΛΛΕΙΨΗ
ΚΎΚΛΟΣ	ΠΥΡΑΜΊΔΑ
ΚΑΜΠΎΛΗ	ΠΡΊΣΜΑ
ΤΡΙΓΏΝΟΥ	ΆΚΡΗ
ΓΩΝΊΑ	ΟΡΘΟΓΏΝΙΟ
ΥΠΕΡΒΟΛΉ	ΠΟΛΎΓΩΝΟ
ΠΛΕΥΡΆ	ΠΛΑΤΕΊΑ
ΚΏΝΟΣ	

14 - Astronomie

Ρ	Τ	Δ	Υ	Ψ	Π	Λ	Α	Ν	Ή	Τ	Η	Σ	Χ
Μ	Ο	Β	Υ	Υ	Μ	Μ	Σ	Ύ	Μ	Π	Α	Ν	Ί
Η	Ε	Υ	Δ	Η	Ί	Λ	Τ	Α	Ι	Α	Α	Ε	Μ
Ρ	Δ	Τ	Κ	Π	Π	Ο	Ρ	Σ	Σ	Σ	Σ	Α	Ι
Έ	Έ	Ψ	Έ	Έ	Ω	Π	Ο	Τ	Η	Τ	Ρ	Σ	Ο
Έ	Σ	Ι	Α	Ω	Τ	Β	Ν	Ε	Μ	Ε	Έ	Τ	Σ
Ν	Τ	Ρ	Ο	Α	Ρ	Α	Ό	Ρ	Ε	Ρ	Κ	Ρ	Ψ
Ε	Σ	Π	Γ	Ο	Ε	Ο	Μ	Ο	Ρ	Ι	Ο	Ο	Ι
Φ	Ε	Γ	Γ	Ά	Ρ	Ι	Ο	Ε	Ί	Σ	Μ	Ν	Π
Έ	Ω	Η	Ε	Ε	Ψ	Ψ	Σ	Ι	Α	Μ	Ή	Α	Έ
Λ	Ο	Τ	Β	Μ	Ψ	Ω	Δ	Δ	Μ	Ό	Τ	Ύ	Ω
Ω	Ζ	Ώ	Δ	Ι	Ο	Χ	Χ	Ή	Τ	Α	Η	Τ	Ν
Μ	Ψ	Ε	Π	Α	Δ	Ν	Η	Σ	Χ	Ν	Σ	Η	Ψ
Α	Έ	Δ	Ο	Ρ	Υ	Φ	Ο	Ρ	Ι	Κ	Ή	Σ	Τ

ΓΗ
ΑΣΤΕΡΟΕΙΔΉΣ
ΑΣΤΡΟΝΑΎΤΗΣ
ΑΣΤΡΟΝΌΜΟΣ
ΖΏΔΙΟ
ΙΣΗΜΕΡΊΑ
ΚΟΜΉΤΗΣ
ΦΕΓΓΆΡΙ

ΜΕΤΈΩΡΟ
ΝΕΦΈΛΩΜΑ
ΠΛΑΝΉΤΗΣ
ΡΟΥΚΈΤΑ
ΔΟΡΥΦΟΡΙΚΉ
ΑΣΤΈΡΙ
ΑΣΤΕΡΙΣΜΌ
ΣΎΜΠΑΝ

15 - Emoties

```
Φ  Ε  Υ  Δ  Α  Ι  Μ  Ο  Ν  Ί  Α  Ω  Λ  Ι
Ό  Α  Ε  Ν  Ψ  Γ  Ν  Ε  Τ  Υ  Ν  Π  Ε  Κ
Β  Γ  Σ  Έ  Β  Μ  Ο  Ι  Ρ  Ξ  Α  Λ  Σ  Α
Ο  Ά  Ε  Λ  Α  Π  Έ  Ψ  Υ  Ν  Κ  Ή  Ε  Ν
Σ  Π  Η  Ρ  Ε  Μ  Ί  Α  Φ  Α  Ο  Ξ  Ι  Ο
Ε  Η  Δ  Μ  Γ  Ξ  Γ  Χ  Ε  Θ  Ύ  Η  Ρ  Π
Σ  Υ  Μ  Π  Ό  Ν  Ι  Α  Ρ  Λ  Φ  Έ  Ή  Ο
Ο  Γ  Γ  Έ  Ί  Δ  Λ  Λ  Ό  Ί  Ι  Κ  Ν  Ί
Έ  Γ  Ξ  Ν  Ρ  Θ  Ί  Α  Τ  Ψ  Σ  Π  Η  Η
Σ  Χ  Υ  Ί  Ώ  Υ  Ν  Ρ  Η  Η  Η  Λ  Ρ  Σ
Λ  Δ  Π  Ι  Ο  Μ  Έ  Ή  Τ  Ξ  Ο  Η  Δ  Α
Υ  Δ  Χ  Ν  Α  Ό  Ω  Χ  Α  Ρ  Ά  Ξ  Δ  Λ
Δ  Κ  Α  Λ  Ο  Σ  Ύ  Ν  Η  Ε  Π  Η  Ψ  Ο
Π  Ε  Ρ  Ι  Ε  Χ  Ό  Μ  Ε  Ν  Ο  Β  Ν  Α
```

ΦΌΒΟΣ
ΕΥΓΝΏΜΩΝ
ΘΛΊΨΗ
ΕΥΔΑΙΜΟΝΊΑ
ΠΕΡΙΕΧΌΜΕΝΟ
ΑΓΆΠΗ
ΧΑΛΑΡΉ
ΑΝΑΚΟΎΦΙΣΗ
ΗΡΕΜΊΑ

ΣΥΜΠΌΝΙΑ
ΤΡΥΦΕΡΌΤΗΤΑ
ΙΚΑΝΟΠΟΊΗΣΑ
ΈΚΠΛΗΞΗ
ΠΛΉΞΗ
ΕΙΡΉΝΗ
ΧΑΡΆ
ΚΑΛΟΣΎΝΗ
ΘΥΜΌΣ

16 - Vakantie #2

```
Γ Υ Μ Η Ε Π Α Ρ Α Λ Ί Α Α Ρ
Ξ Χ Ξ Ο Μ Σ Κ Η Ν Ή Υ Η Ε Ξ
Χ Λ Β Ρ Ω Έ Τ Α Ξ Ί Δ Ι Ρ Ξ
Β Ε Β Δ Ω Ξ Ν Ι Η Έ Λ Υ Ο Π
Κ Ά Μ Π Ι Ν Γ Κ Α Π Λ Ο Δ Ω
Ι Π Ε Ξ Α Α Π Ξ Υ Τ Χ Ξ Ρ Ρ
Γ Λ Τ Γ Χ Τ Β Ξ Γ Ι Ό Χ Ό Ν
Ψ Τ Α Ω Ξ Ά Η Α Μ Μ Χ Ρ Μ Χ
Έ Ρ Φ Ρ Έ Έ Ρ Ω Τ Π Μ Μ Ι Β
Ί Έ Ο Β Ν Σ Σ Τ Ν Ή Λ Ν Ο Ο
Ω Ν Ρ Υ Ο Λ Χ Ξ Η Ν Ρ Ε Ψ Υ
Ο Ο Ά Β Ί Ζ Α Ξ Σ Μ Α Ι Ψ Ν
Ξ Ε Ν Ο Δ Ο Χ Ε Ί Ο Γ Έ Ο Ά
Δ Ρ Δ Τ Α Ξ Ί Α Ν Α Ψ Υ Χ Ή
```

BOYNΆ
ΞΈΝΟ
ΝΗΣΊ
ΞΕΝΟΔΟΧΕΊΟ
ΧΆΡΤΗ
ΚΆΜΠΙΝΓΚ
ΑΕΡΟΔΡΌΜΙΟ
ΔΙΑΒΑΤΉΡΙΟ
ΤΑΞΊΔΙ

ΕΣΤΙΑΤΌΡΙΟ
ΠΑΡΑΛΊΑ
ΤΑΞΊ
ΣΚΗΝΉ
ΤΡΈΝΟ
ΜΕΤΑΦΟΡΆ
ΒΊΖΑ
ΑΝΑΨΥΧΉ

17 - Weersomstandigheden

```
Ξ  Ο  Υ  Ρ  Ά  Ν  Ι  Ο  Τ  Ό  Ξ  Ο  Π  Π
Η  Ξ  Ι  Έ  Ξ  Ω  Η  Χ  Λ  Π  Ε  Ψ  Λ  Ο
Ρ  Α  Μ  Ε  Κ  Π  Ρ  Π  Η  Ά  Ι  Μ  Η  Λ
Α  Λ  Έ  Υ  Λ  Χ  Λ  Υ  Π  Γ  Μ  Ρ  Μ  Ι
Σ  Χ  Δ  Ψ  Ί  Ι  Τ  Γ  Ω  Ο  Μ  Β  Μ  Κ
Ί  Θ  Ε  Ρ  Μ  Ο  Κ  Ρ  Α  Σ  Ί  Α  Ύ  Ή
Α  Σ  Τ  Ρ  Α  Π  Ή  Ό  Ο  Ο  Ξ  Η  Ρ  Ό
Ο  Μ  Ο  Υ  Σ  Ώ  Ν  Α  Σ  Π  Χ  Ο  Α  Ο
Μ  Κ  Α  Τ  Α  Ι  Γ  Ί  Δ  Α  Ι  Σ  Ο  Υ
Ί  Ά  Ν  Ε  Μ  Ο  Σ  Γ  Ξ  Έ  Γ  Κ  Δ  Ρ
Χ  Ι  Ο  Υ  Ρ  Ι  Κ  Α  Ν  Α  Σ  Γ  Ή  Α
Λ  Σ  Ύ  Ν  Ν  Ε  Φ  Ο  Τ  Ο  Υ  Σ  Χ  Ν
Η  Α  Τ  Μ  Ό  Σ  Φ  Α  Ι  Ρ  Α  Σ  Ε  Ό
Η  Γ  Χ  Σ  Ο  Ω  Β  Β  Ρ  Ο  Ν  Τ  Ή  Σ
```

ΑΤΜΌΣΦΑΙΡΑ	ΧΙΟΥΡΙΚΑΝΑΣ
ΑΣΤΡΑΠΉ	ΠΛΗΜΜΎΡΑ
ΒΡΟΝΤΉ	ΠΟΛΙΚΉ
ΞΗΡΌ	ΟΥΡΆΝΙΟ ΤΌΞΟ
ΞΗΡΑΣΊΑ	ΚΑΤΑΙΓΊΔΑ
ΟΥΡΑΝΌΣ	ΘΕΡΜΟΚΡΑΣΊΑ
ΠΆΓΟΣ	ΤΡΟΠΙΚΉ
ΚΛΊΜΑ	ΥΓΡΌ
ΟΜΊΧΛΗ	ΆΝΕΜΟΣ
ΜΟΥΣΏΝΑΣ	ΣΎΝΝΕΦΟ

18 - Strand

```
Ω  Έ  Ξ  Β  Η  Σ  Ο  Α  Δ  Σ  Ψ  Λ  Λ  Γ
Κ  Α  Β  Ο  Ύ  Ρ  Ι  Κ  Τ  Α  Η  Α  Ι  Ο
Ε  Μ  Ι  Π  Σ  Έ  Ξ  Τ  Ο  Ν  Ά  Μ  Μ  Ο
Α  Α  Ι  Έ  Ε  Μ  Υ  Ή  Χ  Δ  Π  Β  Ν  Ε
Ν  Η  Σ  Ί  Μ  Τ  Ψ  Ί  Υ  Ά  Ρ  Ο  Ο  Α
Ό  Ή  Λ  Υ  Β  Σ  Σ  Η  Ο  Λ  Υ  Μ  Θ  Ί
Σ  Λ  Ν  Ο  Λ  Χ  Δ  Έ  Ι  Ι  Ί  Π  Ά  Υ
Ψ  Ι  Ο  Ξ  Ρ  Ω  Β  Ι  Τ  Α  Ρ  Ρ  Λ  Β
Κ  Ο  Χ  Ύ  Λ  Ι  Α  Μ  Α  Α  Η  Έ  Α  Ά
Γ  Σ  Ε  Η  Γ  Η  Β  Ί  Π  Κ  Γ  Λ  Σ  Ρ
Ι  Σ  Τ  Ι  Ο  Φ  Ό  Ρ  Ο  Λ  Ο  Α  Σ  Κ
Ν  Ρ  Ξ  Έ  Ρ  Α  Ε  Ν  Γ  Ο  Ε  Π  Α  Α
Θ  Ά  Λ  Α  Σ  Σ  Α  Χ  Χ  Ω  Ι  Β  Έ  Ν
Α  Π  Ο  Β  Ά  Θ  Ρ  Α  Ί  Λ  Ω  Ρ  Λ  Σ
```

ΜΠΛΕ
ΒΆΡΚΑ
ΑΠΟΒΆΘΡΑ
ΝΗΣΊ
ΠΕΤΣΈΤΑ
ΚΑΒΟΎΡΙ
ΑΚΤΉ
ΛΙΜΝΟΘΆΛΑΣΣΑ
ΩΚΕΑΝΌΣ

ΟΜΠΡΈΛΑ
ΞΈΡΑ
ΣΑΝΔΆΛΙΑ
ΚΟΧΎΛΙΑ
ΔΙΑΚΟΠΈΣ
ΆΜΜΟ
ΘΆΛΑΣΣΑ
ΙΣΤΙΟΦΌΡΟ
ΉΛΙΟΣ

19 - Eten #2

```
Ν  Ν  Ν  Ί  Υ  Ί  Ω  Ο  Β  Ν  Δ  Ξ  Χ  Ζ
Τ  Ω  Τ  Ρ  Ψ  Ί  Ψ  Μ  Π  Α  Ν  Ά  Ν  Α
Ν  Ι  Υ  Ο  Ω  Ρ  Ο  Δ  Ά  Κ  Ι  Ν  Ο  Μ
Ξ  Α  Ρ  Β  Μ  Π  Ρ  Ό  Κ  Ο  Λ  Ο  Ρ  Π
Ψ  Λ  Ί  Ί  Ί  Ά  Σ  Ι  Τ  Ά  Ρ  Ι  Α  Ό
Ρ  Ν  Μ  Ε  Λ  Ι  Τ  Ζ  Ά  Ν  Α  Ί  Κ  Ν
Σ  Τ  Α  Φ  Ύ  Λ  Ι  Α  Ν  Α  Ν  Ά  Τ  Η
Σ  Π  Α  Ρ  Ά  Γ  Γ  Ι  Ψ  Ά  Ρ  Ι  Ι  Ω
Κ  Ο  Τ  Ό  Π  Ο  Υ  Λ  Ο  Λ  Ύ  Ν  Ν  Χ
Ξ  Σ  Έ  Ω  Ί  Λ  Ψ  Ν  Σ  Ρ  Ζ  Μ  Ί  Α
Ξ  Ξ  Έ  Γ  Ι  Α  Ο  Ύ  Ρ  Τ  Ι  Μ  Δ  Υ
Ω  Έ  Έ  Β  Β  Υ  Σ  Έ  Π  Ω  Λ  Ή  Ι  Γ
Ω  Λ  Σ  Λ  Τ  Α  Μ  Ύ  Γ  Δ  Α  Λ  Ο  Ό
Δ  Δ  Τ  Β  Ρ  Λ  Λ  Υ  Ί  Ν  Σ  Ο  Ί  Π
```

AΜΎΓΔΑΛΟ
ΑΝΑΝΆ
ΜΉΛΟ
ΣΠΑΡΆΓΓΙ
ΜΕΛΙΤΖΆΝΑ
ΜΠΑΝΆΝΑ
ΜΠΡΌΚΟΛΟ
ΨΩΜΊ
ΣΤΑΦΎΛΙ
ΑΥΓΌ

ΖΑΜΠΌΝ
ΤΥΡΊ
ΚΟΤΌΠΟΥΛΟ
ΑΚΤΙΝΊΔΙΟ
ΡΟΔΆΚΙΝΟ
ΡΎΖΙ
ΣΙΤΆΡΙ
ΝΤΟΜΆΤΑ
ΨΆΡΙ
ΓΙΑΟΎΡΤΙ

20 - Klimmen

```
Ρ  Έ  Ξ  Ο  Χ  Ά  Ρ  Τ  Η  Α  Λ  Π  Σ  Π
Ε  Δ  Ρ  Δ  Π  Ν  Γ  Ά  Ν  Τ  Ι  Α  Τ  Ε
Ο  Α  Ρ  Η  Τ  Β  Β  Έ  Ρ  Μ  Α  Σ  Ε  Ρ
Ε  Φ  Ν  Γ  Ρ  Σ  Β  Η  Ξ  Ό  Κ  Τ  Ν  Ι
Α  Ο  Ί  Ο  Α  Ο  Γ  Έ  Π  Σ  Α  Α  Ό  Έ
Φ  Σ  Τ  Ί  Υ  Ρ  Ε  Ξ  Ξ  Φ  Τ  Θ  Π  Ρ
Υ  Μ  Ε  Μ  Μ  Ρ  Ο  Υ  Τ  Α  Ά  Ε  Ε  Γ
Σ  Π  Ή  Λ  Α  Ι  Ο  Δ  Κ  Ι  Ρ  Ρ  Ζ  Ε
Ι  Ό  Α  Δ  Τ  Π  Ψ  Ύ  Ρ  Ρ  Τ  Ό  Ο  Ι
Κ  Τ  Ο  Τ  Ι  Ο  Γ  Ν  Ά  Α  Ι  Τ  Π  Α
Ή  Ε  Ψ  Π  Σ  Ψ  Ι  Α  Ν  Σ  Σ  Η  Ο  Τ
Τ  Σ  Ε  Ι  Μ  Ω  Η  Μ  Ο  Η  Η  Τ  Ρ  Λ
Χ  Ί  Τ  Μ  Ό  Ρ  Α  Η  Σ  Χ  Δ  Α  Ί  Ε
Ω  Ε  Υ  Ψ  Ό  Μ  Ε  Τ  Ρ  Ο  Ψ  Τ  Α  Δ
```

ΑΤΜΌΣΦΑΙΡΑ
ΦΥΣΙΚΉ
ΟΔΗΓΟΊ
ΣΠΉΛΑΙΟ
ΓΆΝΤΙΑ
ΚΡΆΝΟΣ
ΥΨΌΜΕΤΡΟ
ΧΆΡΤΗ
ΔΎΝΑΜΗ

ΜΠΌΤΕΣ
ΤΡΑΥΜΑΤΙΣΜΌ
ΠΕΡΙΈΡΓΕΙΑ
ΚΑΤΆΡΤΙΣΗ
ΣΤΕΝΌ
ΣΤΑΘΕΡΌΤΗΤΑ
ΈΔΑΦΟΣ
ΠΕΖΟΠΟΡΊΑ

21 - Restaurant #1

Ε	Π	Ι	Δ	Ό	Ρ	Π	Ι	Ο	Ω	Γ	Ξ	Χ	Υ
Β	Λ	Τ	Ω	Ν	Μ	Π	Ο	Λ	Γ	Ξ	Ψ	Α	Ω
Δ	Ά	Α	Π	Γ	Λ	Μ	Ί	Σ	Ι	Ν	Α	Ρ	Ρ
Λ	Κ	Ρ	Έ	Α	Σ	Β	Ρ	Ά	Ο	Υ	Α	Τ	Μ
Κ	Α	Φ	Έ	Ψ	Ρ	Ω	Ξ	Λ	Ν	Τ	Χ	Ο	Α
Ρ	Λ	Τ	Σ	Ε	Ρ	Β	Ι	Τ	Ό	Ρ	Α	Π	Χ
Ά	Λ	Μ	Ε	Ν	Ο	Ύ	Λ	Σ	Ψ	Ο	Δ	Ε	Α
Τ	Ε	Ι	Ε	Έ	Ε	Ι	Δ	Α	Ω	Φ	Υ	Τ	Ί
Η	Ρ	Κ	Ο	Υ	Ζ	Ί	Ν	Α	Μ	Ή	Ρ	Σ	Ρ
Σ	Γ	Λ	Ί	Τ	Ί	Δ	Ω	Μ	Ί	Ί	Τ	Έ	Ι
Η	Ί	Λ	Σ	Υ	Σ	Τ	Α	Τ	Ι	Κ	Ά	Τ	Π
Δ	Α	Π	Ι	Κ	Ά	Ν	Τ	Ι	Κ	Ο	Η	Α	Ε
Ο	Σ	Ι	Ί	Λ	Ψ	Ρ	Β	Γ	Σ	Ο	Λ	Δ	Σ
Κ	Ο	Τ	Ό	Π	Ο	Υ	Λ	Ο	Ν	Ξ	Υ	Δ	Α

ΑΛΛΕΡΓΊΑ
ΠΛΆΚΑ
ΨΩΜΊ
ΣΥΣΤΑΤΙΚΆ
ΚΟΥΖΊΝΑ
ΚΟΤΌΠΟΥΛΟ
ΚΑΦΈ
ΜΠΟΛ
ΜΕΝΟΎ

ΜΑΧΑΊΡΙ
ΠΙΚΆΝΤΙΚΟ
ΚΡΆΤΗΣΗ
ΣΆΛΤΣΑ
ΣΕΡΒΙΤΌΡΑ
ΧΑΡΤΟΠΕΤΣΈΤΑ
ΕΠΙΔΌΡΠΙΟ
ΚΡΈΑΣ
ΤΡΟΦΉ

22 - Geologie

Λ	Ι	Ω	Μ	Έ	Ν	Ο	Υ	Ψ	Π	Σ	Σ	Ι	Ι
Ο	Ξ	Ύ	Λ	Π	Ί	Ρ	Ε	Ο	Έ	Ω	Τ	Σ	Η
Κ	Ψ	Π	Ά	Χ	Ι	Υ	Ε	Ψ	Τ	Ρ	Α	Ο	Ω
Σ	Ρ	Ψ	Β	Υ	Η	Κ	Κ	Ο	Ρ	Ά	Λ	Λ	Ι
Ε	Ε	Ύ	Α	Σ	Σ	Τ	Π	Ψ	Α	Υ	Α	Λ	Σ
Ι	Ρ	Ι	Σ	Δ	Τ	Ά	Π	Χ	Ί	Σ	Κ	Ν	Π
Σ	Α	Λ	Ά	Τ	Ι	Ρ	Μ	Ρ	Γ	Ί	Τ	Ω	Ή
Μ	Χ	Χ	Ξ	Υ	Α	Ά	Ώ	Τ	Υ	Ξ	Ί	Ή	Λ
Ό	Α	Τ	Μ	Λ	Σ	Λ	Β	Μ	Π	Ρ	Τ	Π	Α
Σ	Λ	Ψ	Δ	Ω	Λ	Υ	Λ	Ρ	Α	Σ	Η	Ε	Ι
Ω	Α	Ζ	Ώ	Ν	Η	Ξ	Ί	Α	Ω	Ί	Σ	Ι	Ο
Ξ	Ζ	Ο	Ρ	Ο	Π	Έ	Δ	Ι	Ο	Σ	Λ	Ρ	Λ
Α	Ί	Η	Φ	Α	Ί	Σ	Τ	Ε	Ι	Ο	Η	Ο	Ί
Γ	Α	Α	Π	Ο	Λ	Ί	Θ	Ω	Μ	Α	Έ	Σ	Σ

ΣΕΙΣΜΌΣ
ΉΠΕΙΡΟΣ
ΔΙΆΒΡΩΣΗ
ΑΠΟΛΊΘΩΜΑ
ΛΙΩΜΈΝΟ
ΣΠΉΛΑΙΟ
ΚΟΡΆΛΛΙ
ΚΡΎΣΤΑΛΛΑ
ΧΑΛΑΖΙΑ
ΣΤΡΏΜΑ

ΛΆΒΑ
ΟΡΥΚΤΆ
ΟΡΟΠΈΔΙΟ
ΣΤΑΛΑΚΤΊΤΗΣ
ΠΈΤΡΑ
ΗΦΑΊΣΤΕΙΟ
ΖΏΝΗ
ΑΛΆΤΙ
ΟΞΎ

23 - Specerijen

```
Γ  Κ  Ω  Ρ  Σ  Υ  Π  Ι  Κ  Ρ  Ή  Λ  Β  Ι
Ε  Α  Ρ  Μ  Ο  Σ  Χ  Ο  Κ  Ά  Ρ  Υ  Δ  Ο
Ύ  Ν  Ρ  Ε  Α  Ν  Ψ  Ο  Ω  Ι  Α  Λ  Ο  Ο
Σ  Έ  Β  Ύ  Μ  Κ  Υ  Ο  Ι  Ν  Λ  Λ  Ε  Ν
Η  Λ  Τ  Ί  Φ  Μ  Ά  Μ  Ρ  Γ  Ά  Έ  Μ  Κ
Β  Α  Π  Σ  Β  Α  Ύ  Ρ  Μ  Λ  Τ  Χ  Ξ  Ύ
Α  Ρ  Ά  Κ  Ξ  Π  Λ  Δ  Υ  Υ  Ι  Τ  Κ  Μ
Ν  Ψ  Π  Ό  Ο  Ι  Υ  Λ  Ι  Κ  Ο  Ζ  Ά  Ι
Ί  Β  Ρ  Ρ  Σ  Π  Ο  Κ  Ο  Ό  Γ  Ί  Ρ  Ν
Λ  Γ  Ι  Δ  Δ  Έ  Μ  Ρ  Δ  Ε  Ί  Ν  Δ  Ο
Ι  Ο  Κ  Ο  Υ  Ρ  Κ  Ο  Ύ  Μ  Η  Τ  Α  Λ
Α  Ο  Α  Ο  Ο  Ι  Ρ  Κ  Β  Ψ  Ο  Ζ  Μ  Σ
Τ  Μ  Ά  Ρ  Α  Θ  Ο  Ο  Η  Ι  Ρ  Ε  Ο  Σ
Γ  Λ  Υ  Κ  Ά  Ν  Ι  Σ  Ο  Ι  Ι  Ρ  Π  Υ
```

ΓΛΥΚΆΝΙΣΟ	ΜΟΣΧΟΚΆΡΥΔΟ
ΠΙΚΡΉ	ΠΆΠΡΙΚΑ
ΤΖΊΝΤΖΕΡ	ΠΙΠΈΡΙ
ΚΑΝΈΛΑ	ΚΡΟΚΟΣ
ΚΆΡΔΑΜΟ	ΓΕΎΣΗ
ΚΆΡΥ	ΚΡΕΜΜΎΔΙ
ΣΚΌΡΔΟ	ΒΑΝΊΛΙΑ
ΚΎΜΙΝΟ	ΜΆΡΑΘΟ
ΓΑΡΎΦΑΛΛΟ	ΓΛΥΚΌ
ΚΟΥΡΚΟΎΜΗ	ΑΛΆΤΙ

24 - Groenten

```
Η  Ο  Λ  Σ  Τ  Μ  Π  Έ  Ξ  Ψ  Π  Κ  Ε  Ξ
Η  Η  Μ  Σ  Ζ  Ε  Λ  Ι  Ά  Γ  Μ  Ο  Σ  Π
Ο  Η  Σ  Π  Ί  Λ  Ο  Ω  Έ  Ψ  Π  Λ  Κ  Ρ
Ρ  Ν  Μ  Α  Ν  Ι  Τ  Ά  Ρ  Ι  Ι  Ο  Α  Τ
Α  Λ  Υ  Ν  Τ  Τ  Γ  Ν  Ι  Τ  Ζ  Κ  Λ  Ρ
Σ  Γ  Ρ  Ά  Ζ  Ζ  Δ  Ο  Έ  Ι  Έ  Ύ  Ω  Σ
Τ  Κ  Κ  Κ  Ε  Ά  Ρ  Λ  Γ  Α  Λ  Θ  Ν  Κ
Ί  Λ  Ό  Ι  Ρ  Ν  Χ  Δ  Κ  Γ  Ι  Α  Ί  Ρ
Υ  Γ  Ο  Ρ  Ν  Α  Ι  Ξ  Α  Γ  Ύ  Σ  Δ  Ε
Σ  Λ  Χ  Γ  Δ  Ά  Β  Υ  Ρ  Ί  Τ  Λ  Α  Μ
Ξ  Σ  Μ  Α  Ί  Ο  Ρ  Σ  Ό  Σ  Μ  Ο  Ι  Μ
Α  Γ  Γ  Ο  Ύ  Ρ  Ι  Α  Τ  Α  Ν  Δ  Α  Ύ
Μ  Π  Ρ  Ό  Κ  Ο  Λ  Ο  Ο  Ί  Λ  Σ  Έ  Δ
Σ  Έ  Λ  Ι  Ν  Ο  Σ  Α  Λ  Ά  Τ  Α  Π  Ι
```

ΑΓΚΙΝΆΡΑ	ΚΟΛΟΚΎΘΑ
ΜΕΛΙΤΖΆΝΑ	ΓΟΓΓΎΛΙ
ΜΠΡΌΚΟΛΟ	ΣΑΛΆΤΑ
ΜΠΙΖΈΛΙ	ΣΈΛΙΝΟ
ΤΖΊΝΤΖΕΡ	ΕΣΚΑΛΩΝΊΔΑ
ΣΚΌΡΔΟ	ΣΠΑΝΆΚΙ
ΑΓΓΟΎΡΙ	ΚΡΕΜΜΎΔΙ
ΕΛΙΆ	ΚΑΡΌΤΟ
ΜΑΝΙΤΆΡΙ	

25 - Dans

Ψ	Η	Υ	Κ	Π	Ρ	Ό	Β	Α	Χ	Ί	Ω	Β	Π
Μ	Ξ	Η	Ί	Α	Υ	Δ	Ω	Χ	Ο	Ά	Ί	Σ	Ο
Α	Σ	Έ	Ν	Ρ	Θ	Σ	Ψ	Α	Ρ	Ο	Ρ	Ί	Λ
Ε	Υ	Α	Η	Τ	Μ	Π	Χ	Ρ	Ο	Π	Ψ	Η	Ι
Ε	Γ	Β	Σ	Ε	Ο	Έ	Π	Ο	Γ	Τ	Π	Γ	Τ
Δ	Κ	Η	Η	Ν	Ύ	Β	Ε	Ύ	Ρ	Ι	Ε	Ί	Ι
Π	Ί	Φ	Τ	Έ	Χ	Ν	Η	Μ	Α	Κ	Α	Χ	Σ
Μ	Ν	Γ	Ρ	Ρ	Ν	Ε	Ί	Ε	Φ	Ή	Κ	Ρ	Τ
Ν	Η	Λ	Έ	Α	Ξ	Τ	Χ	Ν	Ί	Χ	Α	Λ	Ι
Η	Σ	Ώ	Μ	Α	Σ	Ι	Ψ	Ο	Α	Ω	Δ	Ψ	Κ
Ρ	Η	Γ	Η	Έ	Ο	Τ	Σ	Τ	Ά	Σ	Η	Σ	Ή
Έ	Λ	Ω	Γ	Π	Ο	Λ	Ι	Τ	Ι	Σ	Μ	Ό	Σ
Κ	Λ	Α	Σ	Ι	Κ	Ή	Γ	Κ	Τ	Ν	Ί	Ί	Σ
Μ	Ο	Υ	Σ	Ι	Κ	Ή	Έ	Ι	Ή	Η	Α	Ω	Ν

ΑΚΑΔΗΜΊΑ
ΚΊΝΗΣΗ
ΧΑΡΟΎΜΕΝΟ
ΧΟΡΟΓΡΑΦΊΑ
ΠΟΛΙΤΙΣΤΙΚΉ
ΠΟΛΙΤΙΣΜΌΣ
ΣΥΓΚΊΝΗΣΗ
ΕΚΦΡΑΣΤΙΚΉ
ΧΆΡΗ

ΣΤΆΣΗ
ΚΛΑΣΙΚΉ
ΤΈΧΝΗ
ΣΏΜΑ
ΜΟΥΣΙΚΉ
ΠΑΡΤΕΝΈΡ
ΠΡΌΒΑ
ΡΥΘΜΟΎ
ΟΠΤΙΚΉ

26 - Sport

```
Ξ  Χ  Π  Ρ  Ο  Π  Ο  Ν  Η  Τ  Ή  Σ  Έ  Έ
Π  Γ  Ό  Ε  Ξ  Γ  Ν  Λ  Γ  Χ  Ρ  Ε  Π  Γ
Ρ  Δ  Ν  Κ  Γ  Υ  Μ  Ν  Ά  Σ  Ι  Ο  Α  Γ
Ω  Μ  Ι  Ψ  Ε  Ψ  Ν  Ί  Δ  Σ  Ρ  Ν  Ι  Υ
Τ  Π  Κ  Δ  Π  Ϊ  Ο  Ι  Ε  Ι  Α  Β  Χ  Μ
Ά  Έ  Η  Ι  Ο  Α  Γ  Μ  Ο  Σ  Χ  Ί  Ν  Ν
Θ  Ι  Τ  Α  Δ  Θ  Ί  Ι  Ί  Ψ  Δ  Σ  Ί  Α
Λ  Ζ  Ή  Ι  Ή  Λ  Γ  Κ  Ο  Λ  Φ  Υ  Δ  Σ
Η  Μ  Σ  Τ  Λ  Η  Ρ  Μ  Τ  Π  Μ  Ι  Ι  Τ
Μ  Π  Τ  Η  Α  Τ  Π  Ο  Ι  Η  Γ  Έ  Π  Ι
Α  Ο  Α  Τ  Τ  Ή  Λ  Μ  Ρ  Λ  Ν  Τ  Τ  Κ
Δ  Λ  Χ  Ή  Ο  Σ  Τ  Ά  Δ  Ι  Ο  Π  Λ  Ή
Μ  Π  Ά  Σ  Κ  Ε  Τ  Δ  Π  Σ  Δ  Ξ  Λ  Ψ
Κ  Ί  Ν  Η  Σ  Η  Ψ  Α  Τ  Έ  Ν  Ι  Σ  Ρ
```

ΑΘΛΗΤΉΣ	ΠΡΩΤΆΘΛΗΜΑ
ΜΠΆΣΚΕΤ	ΔΙΑΙΤΗΤΉΣ
ΚΊΝΗΣΗ	ΠΑΙΧΝΊΔΙ
ΠΟΔΉΛΑΤΟ	ΠΑΊΚΤΗ
ΓΚΟΛΦ	ΣΤΆΔΙΟ
ΓΥΜΝΆΣΙΟ	ΟΜΆΔΑ
ΓΥΜΝΑΣΤΙΚΉ	ΤΈΝΙΣ
ΧΌΚΕΪ	ΠΡΟΠΟΝΗΤΉΣ
ΜΠΈΙΖΜΠΟΛ	ΝΙΚΗΤΉΣ

27 - Mythologie

Α	Ι	Π	Ω	Ν	Α	Α	Θ	Α	Ν	Α	Σ	Ί	Α
Ν	Ρ	Λ	Έ	Χ	Ή	Ρ	Ω	Α	Σ	Ο	Χ	Έ	Ν
Μ	Α	Γ	Ι	Κ	Ό	Η	Χ	Ι	Κ	Γ	Ν	Χ	Η
Γ	Ι	Ω	Χ	Τ	Σ	Ε	Ρ	Έ	Α	Α	Ι	Β	Σ
Ρ	Π	Α	Α	Μ	Έ	Ρ	Υ	Υ	Τ	Η	Δ	Τ	Ο
Δ	Η	Μ	Ι	Ο	Υ	Ρ	Γ	Ί	Α	Υ	Ν	Υ	Ω
Ύ	Θ	Ν	Η	Τ	Ό	Σ	Α	Ν	Σ	Β	Π	Ω	Θ
Ν	Ψ	Ε	Β	Δ	Ρ	Δ	Ν	Σ	Τ	Έ	Λ	Ο	Ρ
Α	Μ	Ί	Υ	Ρ	Λ	Μ	Ω	Ο	Ρ	Ζ	Ά	Η	Ύ
Μ	Ε	Β	Ι	Ψ	Ο	Μ	Ξ	Η	Ο	Ή	Σ	Ί	Λ
Η	Ο	Π	Η	Ι	Χ	Ν	Ε	Λ	Φ	Λ	Μ	Σ	Ο
Α	Σ	Τ	Ρ	Α	Π	Ή	Τ	Α	Ή	Ι	Α	Γ	Σ
Η	Ρ	Ω	Ί	Δ	Α	Α	Β	Ή	Ρ	Α	Σ	Δ	Π
Σ	Υ	Μ	Π	Ε	Ρ	Ι	Φ	Ο	Ρ	Ά	Ί	Ι	Δ

ΑΡΧΈΤΥΠΟ
ΑΣΤΡΑΠΉ
ΔΗΜΙΟΥΡΓΊΑ
ΒΡΟΝΤΉ
ΣΥΜΠΕΡΙΦΟΡΆ
ΉΡΩΑΣ
ΗΡΩΪΔΑ
ΖΉΛΙΑ

ΔΎΝΑΜΗ
ΘΡΎΛΟΣ
ΜΑΓΙΚΌ
ΤΈΡΑΣ
ΑΘΑΝΑΣΊΑ
ΚΑΤΑΣΤΡΟΦΉ
ΘΝΗΤΌΣ
ΠΛΆΣΜΑ

28 - Vakantie #1

```
Ω  Α  Ε  Λ  Ν  Σ  Ν  Ε  Α  Ί  Ι  Ο  Π  Έ
Ψ  Υ  Γ  Ί  Τ  Α  Α  Ι  Ε  Μ  Ε  Ι  Ι  Λ
Τ  Τ  Ψ  Μ  Ρ  Κ  Δ  Σ  Ρ  Έ  Μ  Α  Α  Ι
Ε  Ο  Ρ  Ν  Α  Ί  Χ  Ι  Ο  Ν  Π  Ν  Ν  Α
Λ  Κ  Υ  Η  Μ  Δ  Σ  Τ  Π  Υ  Υ  Α  Ό  Ε
Ω  Ί  Α  Ρ  Η  Ι  Ι  Ή  Λ  Μ  Ν  Χ  Μ  Χ
Ν  Ν  Τ  Ο  Ι  Ο  Ι  Ρ  Ά  Ί  Υ  Ώ  Ι  Α
Ε  Η  Ε  Έ  Υ  Σ  Έ  Ι  Ν  Ε  Ψ  Ρ  Σ  Λ
Ί  Τ  Έ  Β  Ε  Ε  Τ  Ο  Ο  Σ  Ω  Η  Μ  Ά
Ο  Ο  Χ  Λ  Η  Π  Β  Α  Λ  Ί  Τ  Σ  Α  Ρ
Ε  Κ  Δ  Ρ  Ο  Μ  Ή  Υ  Σ  Ι  Ξ  Η  Ε  Ω
Η  Δ  Ξ  Ξ  Δ  Ο  Μ  Π  Ρ  Έ  Λ  Α  Α  Σ
Μ  Ο  Υ  Σ  Ε  Ί  Ο  Τ  Ξ  Έ  Χ  Σ  Ψ  Η
Δ  Ρ  Ο  Μ  Ο  Λ  Ό  Γ  Ι  Ο  Σ  Β  Ο  Γ
```

ΑΥΤΟΚΊΝΗΤΟ	ΟΜΠΡΈΛΑ
ΤΕΛΩΝΕΊΟ	ΔΡΟΜΟΛΌΓΙΟ
ΕΚΔΡΟΜΉ	ΣΑΚΊΔΙΟ
ΕΙΣΙΤΉΡΙΟ	ΤΟΥΡΊΣΤΑΣ
ΒΑΛΊΤΣΑ	ΤΡΑΜ
ΛΊΜΝΗ	ΝΌΜΙΣΜΑ
ΜΟΥΣΕΊΟ	ΑΝΑΧΏΡΗΣΗ
ΧΑΛΆΡΩΣΗ	ΑΕΡΟΠΛΆΝΟ

29 - Eten #1

```
Σ  Κ  Ό  Ρ  Δ  Ο  Χ  Η  Ί  Σ  Μ  Μ  Ι  Γ
Β  Σ  Ω  Λ  Β  Ε  Ο  Υ  Ξ  Γ  Ο  Ξ  Β  Ά
Ε  Γ  Ω  Τ  Ε  Η  Α  Γ  Ν  Η  Φ  Ύ  Σ  Λ
Β  Σ  Β  Ν  Μ  Μ  Ρ  Τ  Έ  Χ  Ι  Α  Π  Α
Σ  Α  Λ  Ά  Τ  Α  Ό  Ό  Κ  Υ  Σ  Λ  Α  Α
Τ  Η  Μ  Μ  Λ  Ρ  Έ  Ν  Ρ  Μ  Τ  Ά  Ν  Σ
Β  Ε  Ρ  Ί  Κ  Ο  Κ  Ο  Ι  Ό  Ί  Τ  Ά  Ε
Κ  Ζ  Ά  Χ  Α  Ρ  Η  Σ  Θ  Σ  Κ  Ι  Κ  Ω
Α  Α  Κ  Ρ  Έ  Α  Σ  Ω  Ά  Λ  Ι  Η  Ι  Τ
Ν  Χ  Ρ  Ρ  Λ  Σ  Υ  Φ  Ρ  Ά  Ο  Υ  Λ  Α
Έ  Λ  Ο  Ό  Γ  Β  Α  Σ  Ι  Λ  Ι  Κ  Ο  Ύ
Λ  Ά  Υ  Υ  Τ  Κ  Ρ  Ε  Μ  Μ  Ύ  Δ  Ι  Π
Α  Δ  Σ  Τ  Ξ  Ο  Ρ  Ψ  Ν  Ο  Β  Τ  Ν  Υ
Β  Ι  Ί  Σ  Ο  Ί  Γ  Χ  Υ  Ί  Η  Α  Β  Σ
```

ΦΡΆΟΥΛΑ	ΣΑΛΆΤΑ
ΒΕΡΊΚΟΚΟ	ΧΥΜΌΣ
ΒΑΣΙΛΙΚΟΎ	ΣΟΎΠΑ
ΛΕΜΌΝΙ	ΣΠΑΝΆΚΙ
ΚΡΙΘΆΡΙ	ΖΆΧΑΡΗ
ΚΑΝΈΛΑ	ΤΌΝΟΣ
ΣΚΌΡΔΟ	ΚΡΕΜΜΎΔΙ
ΓΆΛΑ	ΚΡΈΑΣ
ΑΧΛΆΔΙ	ΚΑΡΌΤΟ
ΦΙΣΤΊΚΙ	ΑΛΆΤΙ

30 - Avontuur

```
Π  Λ  Ο  Ή  Γ  Η  Σ  Η  Ψ  Γ  Ν  Ί  Η  Π
Υ  Η  Ξ  Ί  Ξ  Τ  Χ  Ν  Ω  Ε  Γ  Α  Χ  Α
Β  Ρ  Υ  Ο  Β  Ο  Ψ  Έ  Ξ  Ν  Ψ  Π  Η  Ρ
Ε  Σ  Η  Ν  Τ  Ι  Π  Α  Λ  Ν  Έ  Δ  Η  Α
Τ  Κ  Ε  Ν  Θ  Ο  Υ  Σ  Ι  Α  Σ  Μ  Ό  Σ
Χ  Α  Δ  Ψ  Ο  Μ  Ο  Ρ  Φ  Ι  Ά  Β  Α  Κ
Α  Ι  Ξ  Ρ  Α  Χ  Γ  Ο  Σ  Ό  Φ  Ψ  Σ  Ε
Ρ  Ρ  Μ  Ί  Ο  Π  Β  Ψ  Ρ  Τ  Ί  Ω  Φ  Υ
Ά  Χ  Ρ  Ι  Δ  Μ  Ω  Ε  Ω  Η  Λ  Φ  Ά  Ή
Λ  Ε  Α  Ί  Η  Ι  Ή  Ί  Ξ  Τ  Ο  Ύ  Λ  Ι
Α  Ε  Υ  Κ  Α  Ι  Ρ  Ί  Α  Α  Ι  Σ  Ε  Χ
Ε  Π  Ι  Κ  Ί  Ν  Δ  Υ  Ν  Ο  Ρ  Η  Ι  Ν
Δ  Ρ  Α  Σ  Τ  Η  Ρ  Ι  Ό  Τ  Η  Τ  Α  Υ
Α  Σ  Υ  Ν  Ή  Θ  Ι  Σ  Τ  Ο  Ε  Ε  Ε  Ξ
```

ΔΡΑΣΤΗΡΙΌΤΗΤΑ ΝΈΑ
ΕΝΘΟΥΣΙΑΣΜΌΣ ΑΣΥΝΉΘΙΣΤΟ
ΕΚΔΡΟΜΉ   ΤΑΞΊΔΙ
ΕΠΙΚΊΝΔΥΝΟ   ΟΜΟΡΦΙΆ
ΕΥΚΑΙΡΊΑ   ΑΣΦΆΛΕΙΑ
ΓΕΝΝΑΙΌΤΗΤΑ ΠΑΡΑΣΚΕΥΉ
ΦΎΣΗ   ΧΑΡΆ
ΠΛΟΉΓΗΣΗ   ΦΊΛΟΙ

31 - Circus

Z	Δ	Έ	Ι	Ι	Μ	Α	Ϊ	Μ	Ο	Ύ	Σ	Θ	Γ
Κ	Ο	Σ	Τ	Ο	Ύ	Μ	Ι	Ρ	Η	Γ	Κ	Ε	Ί
Ό	Η	Γ	Γ	Β	Μ	Υ	Μ	Ε	Δ	Γ	Η	Α	Τ
Λ	Α	Ν	Κ	Έ	Δ	Ο	Π	Λ	Ω	Χ	Ν	Τ	Ξ
Π	Σ	Χ	Ε	Λ	Ε	Μ	Ψ	Έ	Ω	Β	Ή	Ή	Ι
Ο	Ψ	Λ	Τ	Λ	Έ	Λ	Π	Φ	Ζ	Ί	Γ	Σ	Υ
Σ	Έ	Β	Ί	Ι	Λ	Ρ	Ί	Α	Ψ	Ώ	Μ	Μ	Π
Α	Μ	Ά	Γ	Ο	Σ	Μ	Ι	Ν	Λ	Χ	Α	Ο	Α
Κ	Α	Έ	Ρ	Ν	Ε	Σ	Δ	Τ	Η	Ό	Λ	Υ	Ρ
Λ	Γ	Ι	Η	Τ	Έ	Σ	Ρ	Α	Υ	Τ	Ν	Σ	Έ
Ό	Ε	Ί	Ί	Ά	Ο	Υ	Γ	Σ	Ο	Α	Β	Ι	Λ
Ο	Ί	Α	Κ	Ρ	Ο	Β	Ά	Τ	Η	Σ	Γ	Κ	Α
Υ	Α	Ο	Ε	Ι	Σ	Ι	Τ	Ή	Ρ	Ι	Ο	Ή	Σ
Ν	Κ	Α	Ρ	Α	Μ	Έ	Λ	Α	Ο	Ί	Σ	Δ	Η

MAΪMOΎ   MAΓEΊA
AKPOBΆTHΣ   MOYΣIKΉ
MΠAΛΌNIA   EΛΈΦANTAΣ
KΛΌOYN   ΠAPΈΛAΣH
ZΏA   KAPAMΈΛA
MΆΓOΣ   ΣKHNΉ
ZOΓKΛΈP   TΊΓPH
EIΣITΉPIO   ΘEATΉΣ
KOΣTOΎMI   KΌΛΠO
ΛIONTΆPI

32 - Restaurant #2

Χ	Γ	Π	Ι	Ρ	Ο	Ύ	Ν	Ι	Σ	Μ	Ί	Έ	Ρ
Ξ	Ι	Ο	Α	Λ	Ψ	Έ	Ξ	Β	Α	Λ	Ά	Τ	Ι
Σ	Δ	Τ	Ε	Α	Ε	Ί	Β	Π	Λ	Τ	Α	Έ	Υ
Ο	Ε	Ό	Ω	Χ	Μ	Ε	Γ	Ί	Ά	Η	Υ	Σ	Ν
Ύ	Ί	Ρ	Ξ	Α	Γ	Ν	Ο	Ψ	Τ	Υ	Ρ	Ξ	Α
Π	Π	Χ	Β	Ν	Υ	Α	Ρ	Ο	Α	Λ	Τ	Τ	Ψ
Α	Ν	Κ	Έ	Ι	Κ	Α	Ρ	Έ	Κ	Λ	Α	Α	Ά
Λ	Ο	Ο	Π	Κ	Τ	Ο	Η	Ι	Μ	Ί	Έ	Υ	Ρ
Α	Δ	Υ	Ν	Ά	Λ	Ό	Γ	Ε	Ύ	Μ	Α	Γ	Ι
Ζ	Ε	Τ	Ω	Ε	Γ	Φ	Ρ	Ο	Ύ	Τ	Ο	Α	Σ
Ά	Π	Ά	Π	Χ	Ρ	Ο	Ε	Ο	Ξ	Μ	Λ	Ν	Σ
Ν	Ξ	Λ	Ψ	Λ	Γ	Ό	Σ	Ν	Σ	Α	Ν	Ρ	Χ
Ι	Ξ	Ι	Μ	Π	Α	Χ	Α	Ρ	Ι	Κ	Ό	Ψ	Χ
Α	Ν	Ό	Σ	Τ	Ι	Μ	Ο	Ι	Γ	Χ	Β	Έ	Ρ

ΚΈΙΚ	ΛΑΖΆΝΙΑ
ΔΕΊΠΝΟ	ΣΕΡΒΙΤΌΡΟΣ
ΠΟΤΌ	ΣΑΛΆΤΑ
ΑΥΓΆ	ΣΟΎΠΑ
ΦΡΟΎΤΟ	ΜΠΑΧΑΡΙΚΌ
ΛΑΧΑΝΙΚΆ	ΚΑΡΈΚΛΑ
ΝΌΣΤΙΜΟ	ΨΆΡΙ
ΠΆΓΟΣ	ΠΙΡΟΎΝΙ
ΚΟΥΤΆΛΙ	ΝΕΡΌ
ΓΕΎΜΑ	ΑΛΆΤΙ

33 - Bijen

```
Κ  Ε  Ρ  Ί  Έ  Ι  Έ  Μ  Ο  Ξ  Κ  Φ  Β  Ε
Η  Α  Δ  Ρ  Α  Χ  Ψ  Έ  Ξ  Ι  Υ  Υ  Α  Π
Σ  Μ  Π  Ο  Ι  Κ  Ι  Λ  Ί  Α  Ψ  Τ  Σ  Ι
Λ  Ψ  Φ  Ν  Ξ  Λ  Ο  Ι  Λ  Τ  Έ  Ά  Ί  Κ
Γ  Ο  Ε  Ρ  Ί  Γ  Α  Δ  Λ  Β  Λ  Β  Λ  Ο
Ύ  Π  Υ  Ι  Ο  Ζ  Έ  Τ  Γ  Ι  Η  Τ  Ι  Ν
Ρ  Π  Ε  Λ  Α  Ύ  Ο  Σ  Ά  Ν  Θ  Ο  Σ  Ι
Η  Γ  Ρ  Ι  Ο  Μ  Τ  Υ  Κ  Ή  Π  Ο  Σ  Α
Ι  Ξ  Γ  Ο  Γ  Ύ  Ο  Ο  Ν  Έ  Δ  Β  Α  Σ
Φ  Τ  Ε  Ρ  Ά  Ν  Δ  Σ  Μ  Ή  Ν  Ο  Σ  Τ
Έ  Ν  Τ  Ο  Μ  Ο  Ι  Ι  Ψ  Ρ  Τ  Η  Έ  Ή
Π  Τ  Ι  Υ  Ψ  Μ  Ί  Ο  Α  Ψ  Η  Γ  Η  Σ
Ο  Ι  Κ  Ο  Σ  Ύ  Σ  Τ  Η  Μ  Α  Ο  Α  Υ
Τ  Ο  Ή  Λ  Ι  Ο  Σ  Τ  Ρ  Ο  Φ  Ή  Ν  Β
```

ΕΠΙΚΟΝΙΑΣΤΉΣ	ΦΥΤΆ
ΚΥΨΈΛΗ	ΚΑΠΝΊΖΟΥΝ
ΛΟΥΛΟΎΔΙΑ	ΓΎΡΗ
ΆΝΘΟΣ	ΚΉΠΟΣ
ΠΟΙΚΙΛΊΑ	ΦΤΕΡΆ
ΟΙΚΟΣΎΣΤΗΜΑ	ΤΡΟΦΉ
ΦΡΟΎΤΟ	ΕΥΕΡΓΕΤΙΚΉ
ΜΈΛΙ	ΚΕΡΊ
ΈΝΤΟΜΟ	ΉΛΙΟΣ
ΒΑΣΊΛΙΣΣΑ	ΣΜΉΝΟΣ

34 - School #1

Β	Δ	Α	Π	Ά	Ν	Τ	Η	Σ	Η	Ν	Ε	Α	Χ
Μ	Ι	Γ	Ρ	Α	Φ	Ε	Ί	Ο	Χ	Λ	Μ	Ξ	Α
Η	Α	Β	Ν	Μ	Κ	Α	Ρ	Έ	Κ	Λ	Α	Ι	Ρ
Δ	Σ	Φ	Λ	Τ	Ε	Έ	Δ	Η	Β	Ο	Ξ	Κ	Τ
Ά	Κ	Α	Ο	Ι	Ρ	Έ	Α	Ρ	Ι	Θ	Μ	Ο	Ί
Σ	Έ	Κ	Έ	Μ	Ο	Λ	Ύ	Β	Ι	Ν	Γ	Υ	Ξ
Κ	Δ	Ε	Φ	Μ	Σ	Θ	Α	Ρ	Τ	Λ	Ε	Ί	Ρ
Α	Α	Λ	Λ	Ί	Μ	Σ	Ή	Γ	Ά	Δ	Ύ	Ζ	Τ
Λ	Σ	Ο	Ν	Ν	Λ	Χ	Ξ	Κ	Ξ	Έ	Μ	Ο	Ρ
Ο	Η	Ι	Τ	Μ	Ξ	Ο	Π	Σ	Η	Ω	Α	Σ	Ί
Σ	Τ	Υ	Λ	Ό	Ί	Β	Ι	Β	Ι	Β	Λ	Ι	Α
Ε	Ξ	Ε	Τ	Ά	Σ	Ε	Ι	Σ	Π	Ί	Η	Ξ	Ψ
Β	Τ	Έ	Τ	Μ	Α	Θ	Η	Μ	Α	Τ	Ι	Κ	Ά
Β	Ι	Π	Έ	Π	Α	Λ	Φ	Ά	Β	Η	Τ	Ο	Μ

ΑΛΦΆΒΗΤΟ
ΑΠΆΝΤΗΣΗ
ΒΙΒΛΙΟΘΉΚΗ
ΒΙΒΛΊΑ
ΓΡΑΦΕΊΟ
ΑΡΙΘΜΟΊ
ΕΞΕΤΆΣΕΙΣ
ΤΆΞΗ
ΔΆΣΚΑΛΟΣ
ΓΕΎΜΑ

ΦΆΚΕΛΟΙ
ΧΑΡΤΊ
ΣΤΥΛΌ
ΔΙΑΣΚΈΔΑΣΗ
ΜΟΛΎΒΙ
ΚΟΥΪΖ
ΚΑΡΈΚΛΑ
ΦΊΛΟΙ
ΜΑΘΗΜΑΤΙΚΆ

35 - Wandelen

```
Χ  Τ  Ν  Η  Τ  Π  Ι  Σ  Ξ  Ο  Β  Ο  Κ  Έ
Κ  Ά  Ι  Δ  Ω  Ά  Κ  Β  Ά  Γ  Ρ  Ι  Ο  Υ
Π  Ο  Ρ  Ω  Ν  Ρ  Λ  Ο  Μ  Σ  Ά  Ω  Υ  Φ
Α  Η  Υ  Τ  Ί  Κ  Ί  Υ  Ρ  Δ  Χ  Γ  Ν  Ύ
Ρ  Μ  Η  Ρ  Η  Α  Μ  Ν  Λ  Υ  Ο  Ο  Ο  Σ
Α  Έ  Ζ  Ώ  Α  Β  Α  Ό  Έ  Σ  Φ  Ι  Ύ  Η
Σ  Β  Χ  Ο  Τ  Σ  Ή  Λ  Ι  Ο  Σ  Ή  Π  Κ
Κ  Α  Ι  Ρ  Ό  Σ  Μ  Π  Ό  Τ  Ε  Σ  Ι  Ά
Ε  Ρ  Ί  Ο  Έ  Ι  Η  Έ  Σ  Π  Ξ  Γ  Α  Μ
Υ  Ι  Ο  Δ  Λ  Ο  Ν  Ί  Ν  Ν  Ε  Ρ  Ό  Π
Ή  Ά  Χ  Η  Ε  Α  Ν  Ν  Ν  Ο  Τ  Σ  Ξ  Ι
Λ  Ε  Ξ  Π  Γ  Ε  Α  Δ  Ψ  Χ  Ω  Σ  Π  Π  Ν
Ο  Ι  Ο  Ο  Δ  Λ  Υ  Έ  Υ  Β  Λ  Ν  Χ  Γ
Γ  Ξ  Σ  Ί  Ρ  Ψ  Ί  Λ  Π  Έ  Τ  Ρ  Α  Κ
```

ΒΟΥΝΌ	ΦΎΣΗ
ΖΏΑ	ΠΆΡΚΑ
ΟΔΗΓΟΊ	ΠΈΤΡΑ
ΧΆΡΤΗ	ΚΟΡΥΦΉ
ΚΆΜΠΙΝΓΚ	ΠΑΡΑΣΚΕΥΉ
ΒΡΆΧΟ	ΝΕΡΌ
ΚΛΊΜΑ	ΚΑΙΡΌΣ
ΜΠΌΤΕΣ	ΆΓΡΙΟ
ΚΟΥΡΑΣΜΈΝΟΣ	ΉΛΙΟΣ
ΚΟΥΝΟΎΠΙΑ	ΒΑΡΙΆ

36 - Ecologie

```
Γ  Ω  Ω  Τ  Α  Κ  Χ  Κ  Χ  Ω  Α  Α  Β  Π
Ω  Ο  Ε  Λ  Ε  Ο  Α  Λ  Ε  Ξ  Β  Π  Β  Ο
Α  Β  Υ  Δ  Χ  Ι  Ξ  Ί  Ω  Η  Α  Α  Α  Ι
Ω  Έ  Β  Ο  Υ  Ν  Ά  Μ  Μ  Ρ  Ε  Ν  Ω  Κ
Β  Μ  Γ  Ξ  Ί  Ό  Η  Α  Μ  Α  Ί  Ί  Υ  Ι
Ί  Λ  Ε  Β  Ρ  Τ  Β  Ο  Δ  Σ  Δ  Δ  Σ  Λ
Ε  Ο  Ά  Β  Λ  Η  Γ  Ν  Ω  Ί  Ο  Α  Α  Ί
Χ  Π  Δ  Σ  Σ  Τ  Ί  Ω  Μ  Α  Σ  Ι  Δ  Α
Ε  Ω  Ι  Ι  Τ  Α  Β  Ι  Ώ  Σ  Ι  Μ  Η  Υ
Β  Ο  Σ  Β  Ο  Η  Φ  Υ  Σ  Ι  Κ  Ή  Σ  Η
Υ  Ί  Έ  Ρ  Ί  Ε  Σ  Γ  Τ  Π  Ο  Υ  Φ  Γ
Φ  Υ  Τ  Ά  Β  Ω  Α  Η  Π  Λ  Ω  Ί  Ύ  Ν
Ψ  Π  Α  Γ  Κ  Ό  Σ  Μ  Ι  Α  Ω  Ι  Σ  Ω
Ε  Ί  Δ  Β  Υ  Ψ  Ρ  Η  Ν  Δ  Δ  Π  Η  Ο
```

ΒΟΥΝΆ	ΚΛΊΜΑ
ΠΟΙΚΙΛΊΑ	ΦΎΣΗ
ΞΗΡΑΣΊΑ	ΦΥΣΙΚΉ
ΒΙΏΣΙΜΗ	ΕΠΙΒΊΩΣΗ
ΠΑΝΊΔΑ	ΦΥΤΆ
ΧΛΩΡΊΔΑ	ΕΊΔΟΣ
ΚΟΙΝΌΤΗΤΑ	ΒΛΆΣΤΗΣΗ
ΠΑΓΚΌΣΜΙΑ	

37 - Installaties

```
Μ  Δ  Ν  Έ  Η  Ε  Γ  Χ  Λ  Ω  Ρ  Ί  Δ  Α
Ο  Π  Έ  Λ  Ί  Χ  Α  Η  Α  Ε  Μ  Λ  Γ  Δ
Ψ  Ω  Α  Ν  Λ  Ο  Υ  Λ  Ο  Ύ  Δ  Ι  Ψ  Κ
Ί  Π  Λ  Μ  Τ  Φ  Ύ  Λ  Λ  Ω  Μ  Α  Η  Ή
Λ  Π  Ά  Τ  Π  Ρ  Λ  Ί  Α  Ί  Ί  Π  Ο  Π
Ί  Η  Ν  Τ  Η  Ο  Ο  Υ  Η  Χ  Σ  Υ  Χ  Ο
Π  Δ  Θ  Π  Β  Τ  Ύ  Υ  Ψ  Ο  Ν  Κ  Ε  Σ
Α  Β  Ο  Τ  Α  Ν  Ι  Κ  Ή  Ί  Σ  Ι  Φ  Έ
Σ  Ό  Σ  Ρ  Ί  Ζ  Α  Ί  Δ  Δ  Ω  Σ  Α  Δ
Μ  Τ  Α  Ι  Ψ  Σ  Β  Ω  Π  Α  Έ  Σ  Σ  Γ
Α  Α  Η  Β  Λ  Ά  Σ  Τ  Η  Σ  Η  Ό  Ό  Σ
Ο  Ν  Ί  Ψ  Ρ  Κ  Ά  Κ  Τ  Ο  Σ  Σ  Λ  Α
Μ  Ο  Ύ  Ρ  Ο  Ύ  Γ  Ρ  Α  Σ  Ί  Δ  Ι  Έ
Ξ  Ρ  Π  Γ  Ί  Τ  Α  Π  Φ  Ύ  Λ  Λ  Ο  Σ
```

ΜΠΑΜΠΟΎ
ΜΟΎΡΟ
ΦΎΛΛΟ
ΛΟΥΛΟΎΔΙ
ΆΝΘΟΣ
ΔΈΝΤΡΟ
ΦΑΣΌΛΙ
ΔΑΣΟΣ
ΚΆΚΤΟΣ
ΧΛΩΡΊΔΑ

ΦΎΛΛΩΜΑ
ΓΡΑΣΊΔΙ
ΚΙΣΣΌΣ
ΒΌΤΑΝΟ
ΛΊΠΑΣΜΑ
ΒΡΎΑ
ΒΟΤΑΝΙΚΉ
ΚΉΠΟΣ
ΒΛΆΣΤΗΣΗ
ΡΊΖΑ

38 - School #2

```
Β  Λ  Ε  Ρ  Γ  Α  Σ  Ί  Α  Τ  Α  Γ  Λ  Γ
Χ  Ι  Ο  Π  Α  Π  Ο  Ύ  Τ  Σ  Ι  Α  Ε  Ρ
Τ  Σ  Β  Γ  Ι  Ν  Ξ  Ξ  Χ  Τ  Έ  Η  Ω  Α
Ψ  Ι  Μ  Λ  Ο  Σ  Ί  Γ  Ω  Υ  Π  Μ  Φ  Μ
Α  Π  Λ  Α  Ι  Τ  Τ  Σ  Μ  Λ  Μ  Ε  Ο  Μ
Λ  Μ  Ί  Η  Ι  Α  Ε  Ή  Τ  Ό  Α  Ρ  Ρ  Α
Ί  Λ  Ε  Ξ  Ι  Κ  Ό  Χ  Μ  Λ  Θ  Ο  Ε  Τ
Δ  Ά  Σ  Κ  Α  Λ  Ο  Σ  Ν  Η  Η  Λ  Ί  Ι
Ι  Χ  Δ  Τ  Ε  Ί  Ι  Σ  Α  Ί  Μ  Ό  Ο  Κ
Σ  Α  Κ  Ί  Δ  Ι  Ο  Χ  Α  Β  Α  Γ  Α  Ή
Υ  Ρ  Β  Μ  Ί  Α  Γ  Ψ  Ν  Μ  Τ  Ι  Β  Ι
Έ  Τ  Ε  Χ  Ί  Μ  Ο  Λ  Ύ  Β  Ι  Ο  Τ  Λ
Υ  Ί  Α  Κ  Α  Δ  Η  Μ  Α  Ϊ  Κ  Ή  Ψ  Π
Ε  Κ  Π  Α  Ί  Δ  Ε  Υ  Σ  Η  Ά  Ξ  Ξ  Β
```

ΑΚΑΔΗΜΑΪΚΉ
ΒΙΒΛΙΑ
ΛΕΩΦΟΡΕΊΟ
ΓΡΑΜΜΑΤΙΚΉ
ΕΡΓΑΣΊΑ
ΗΜΕΡΟΛΌΓΙΟ
ΔΆΣΚΑΛΟΣ
ΛΟΓΟΤΕΧΝΊΑ
ΕΚΠΑΊΔΕΥΣΗ

ΧΑΡΤΊ
ΣΤΥΛΌ
ΜΟΛΎΒΙ
ΣΑΚΊΔΙΟ
ΨΑΛΊΔΙ
ΠΑΠΟΎΤΣΙΑ
ΕΠΙΣΤΉΜΗ
ΜΑΘΗΜΑΤΙΚΆ
ΛΕΞΙΚΌ

39 - Oceaan

```
Ψ  Ί  Λ  Β  Κ  Μ  Έ  Δ  Ο  Υ  Σ  Ε  Σ  Σ
Χ  Τ  Ό  Ν  Ο  Σ  Κ  Ε  Δ  Τ  Ν  Σ  Ω  Φ
Ξ  Ο  Ξ  Β  Ρ  Έ  Α  Λ  Η  Σ  Π  Τ  Ι  Ο
Χ  Ξ  Ψ  Σ  Ά  Χ  Τ  Φ  Ω  Η  Τ  Ρ  Χ  Υ
Τ  Έ  Ά  Γ  Λ  Λ  Α  Ί  Λ  Η  Δ  Ε  Ε  Γ
Α  Ρ  Λ  Γ  Λ  Β  Ι  Ν  Β  Ψ  Κ  Ί  Λ  Γ
Π  Α  Γ  Ι  Ι  Δ  Γ  Ι  Κ  Ά  Α  Δ  Ώ  Ά
Ό  Φ  Η  Β  Ί  Ι  Ί  Β  Α  Ρ  Ρ  Ι  Ν  Ρ
Δ  Ά  Σ  Ι  Π  Β  Δ  Γ  Β  Ι  Χ  Κ  Α  Ι
Ι  Λ  Ο  Ν  Ν  Γ  Α  Ε  Ο  Λ  Α  Π  Α  Ί
Σ  Α  Γ  Α  Ρ  Ί  Δ  Α  Ύ  Γ  Ρ  Ι  Η  Α
Ί  Ι  Α  Λ  Ά  Τ  Ι  Ψ  Ρ  Γ  Ί  Ί  Ρ  Υ
Σ  Ν  Ω  Π  Γ  Π  Β  Μ  Ι  Λ  Α  Ε  Ί  Ω
Π  Α  Λ  Ί  Ρ  Ρ  Ο  Ι  Α  Ρ  Σ  Ξ  Σ  Χ
```

ΧΈΛΙ	ΧΤΑΠΌΔΙ
ΆΛΓΗ	ΣΤΡΕΊΔΙ
ΒΆΡΚΑ	ΞΈΡΑ
ΔΕΛΦΊΝΙ	ΧΕΛΏΝΑ
ΓΑΡΊΔΑ	ΣΦΟΥΓΓΆΡΙ
ΠΑΛΊΡΡΟΙΑ	ΚΑΤΑΙΓΊΔΑ
ΚΑΡΧΑΡΊΑΣ	ΤΌΝΟΣ
ΚΟΡΆΛΛΙ	ΨΆΡΙ
ΚΑΒΟΎΡΙ	ΦΆΛΑΙΝΑ
ΜΈΔΟΥΣΕΣ	ΑΛΆΤΙ

40 - Landen #2

```
Ο  Ο  Ξ  Σ  Ο  Ε  Ε  Λ  Γ  Ί  Λ  Ι  Ρ  Ξ
Μ  Υ  Κ  Έ  Ν  Υ  Α  Η  Ί  Ψ  Ι  Ν  Β  Ξ
Π  Κ  Γ  Ο  Ε  Η  Λ  Ω  Ι  Ί  Β  Δ  Η  Β
Μ  Ρ  Α  Κ  Π  Β  Ά  Ρ  Ρ  Δ  Ε  Ο  Ί  Α
Ε  Α  Λ  Μ  Ά  Λ  Ο  Ω  Λ  Α  Ρ  Ν  Ι  Η
Ξ  Ν  Λ  Ω  Λ  Ν  Σ  Σ  Α  Ν  Ί  Η  Ν  Χ
Ι  Ί  Ί  Α  Γ  Λ  Τ  Ί  Ν  Ί  Α  Σ  Ι  Α
Κ  Α  Α  Σ  Ι  Ι  Η  Α  Δ  Α  Β  Ί  Γ  Ι
Ό  Σ  Ν  Ο  Γ  Σ  Π  Σ  Ί  Ψ  Σ  Α  Η  Θ
Γ  Υ  Ν  Μ  Ε  Λ  Ί  Β  Α  Ν  Ο  Σ  Ρ  Ι
Γ  Ρ  Σ  Α  Η  Ι  Ο  Α  Μ  Ε  Γ  Ε  Ί  Ο
Χ  Ί  Ε  Λ  Λ  Ά  Δ  Α  Β  Δ  Υ  Ν  Α  Π
Β  Α  Ο  Ί  Π  Υ  Ξ  Ί  Ψ  Υ  Γ  Ι  Π  Ί
Ξ  Σ  Ι  Α  Π  Ω  Ν  Ί  Α  Έ  Έ  Ω  Α  Α
```

ΔΑΝΊΑ	ΛΙΒΕΡΊΑ
ΑΙΘΙΟΠΊΑ	ΜΑΛΑΙΣΊΑ
ΓΑΛΛΊΑ	ΜΕΞΙΚΌ
ΕΛΛΆΔΑ	ΝΕΠΆΛ
ΙΡΛΑΝΔΊΑ	ΝΙΓΗΡΊΑ
ΙΝΔΟΝΗΣΊΑ	ΟΥΓΚΆΝΤΑ
ΙΑΠΩΝΊΑ	ΟΥΚΡΑΝΊΑ
ΚΈΝΥΑ	ΡΩΣΊΑ
ΛΆΟΣ	ΣΟΜΑΛΊΑ
ΛΊΒΑΝΟΣ	ΣΥΡΊΑ

41 - Bloemen

```
Μ  Α  Ρ  Γ  Α  Ρ  Ί  Τ  Α  Τ  Μ  Δ  Π  Ε
Α  Γ  Α  Ρ  Δ  Έ  Ν  Ι  Α  Β  Μ  Ε  Α  Λ
Ν  Μ  Π  Ο  Υ  Κ  Έ  Τ  Ο  Τ  Ω  Γ  Σ  Π
Ό  Π  Τ  Κ  Α  Σ  Ψ  Έ  Π  Ε  Π  Ι  Σ  Ε
Λ  Έ  Σ  Ρ  Τ  Ο  Υ  Λ  Ί  Π  Α  Α  Ι  Π
Ι  Τ  Π  Ί  Ι  Β  Ί  Σ  Κ  Ο  Σ  Σ  Φ  Α
Α  Α  Ψ  Ν  Μ  Φ  Ο  Π  Ο  Υ  Χ  Ε  Λ  Ι
Ω  Λ  Έ  Ο  Ί  Ι  Ύ  Γ  Ρ  Ξ  Α  Μ  Ό  Ω
Γ  Ο  Ι  Σ  Η  Ω  Σ  Λ  Π  Ψ  Λ  Ί  Ρ  Ν
Ο  Ρ  Χ  Ι  Δ  Έ  Α  Λ  Λ  Ρ  Ι  Ξ  Α  Ί
Π  Α  Π  Α  Ρ  Ο  Ύ  Ν  Α  Ι  Ά  Ί  Έ  Α
Έ  Λ  Ι  Ψ  Λ  Ε  Β  Ά  Ν  Τ  Α  Ω  Ψ  Ο
Σ  Π  Τ  Ρ  Ι  Α  Ν  Τ  Ά  Φ  Υ  Λ  Λ  Ο
Π  Έ  Ί  Χ  Λ  Π  Ι  Κ  Ρ  Α  Λ  Ί  Δ  Α
```

ΠΈΤΑΛΟ	ΜΑΡΓΑΡΊΤΑ
ΜΠΟΥΚΈΤΟ	ΜΑΝΌΛΙΑ
ΓΑΡΔΈΝΙΑ	ΟΡΧΙΔΈΑ
ΙΒΊΣΚΟΣ	ΠΙΚΡΑΛΊΔΑ
ΓΙΑΣΕΜΊ	ΠΑΠΑΡΟΎΝΑ
ΤΡΙΦΎΛΛΙ	ΠΑΣΣΙΦΛΌΡΑ
ΛΕΒΆΝΤΑ	ΠΑΙΩΝΊΑ
ΚΡΊΝΟΣ	ΤΡΙΑΝΤΆΦΥΛΛΟ
ΠΑΣΧΑΛΙΆ	ΤΟΥΛΊΠΑ

42 - Huisdieren

```
Κ  Τ  Η  Ν  Ί  Α  Τ  Ρ  Ο  Σ  Β  Α  Π  Ξ
Π  Ο  Ν  Τ  Ί  Κ  Ι  Ρ  Κ  Β  Χ  Γ  Α  Κ
Χ  Ε  Λ  Ώ  Ν  Α  Ί  Τ  Ο  Η  Ν  Ε  Π  Ο
Λ  Μ  Ψ  Ά  Ρ  Ι  Ρ  Δ  Υ  Φ  Λ  Λ  Α  Υ
Γ  Ξ  Έ  Ψ  Ρ  Ξ  Δ  Ι  Τ  Σ  Ή  Ά  Γ  Ν
Ί  Γ  Γ  Ψ  Α  Ο  Ω  Γ  Ά  Τ  Α  Δ  Ά  Έ
Μ  Ψ  Ί  Ρ  Ψ  Ν  Π  Ί  Β  Μ  Ι  Α  Λ  Λ
Ω  Β  Γ  Τ  Σ  Ε  Ν  Δ  Ι  Ί  Ο  Χ  Ο  Ι
Π  Ό  Δ  Ι  Α  Ρ  Γ  Α  Τ  Ά  Κ  Ι  Σ  Μ
Ε  Ί  Μ  Ρ  Ύ  Ό  Β  Ξ  Έ  Α  Σ  Α  Κ  Α
Ο  Λ  Ν  Α  Ρ  Χ  Ά  Μ  Σ  Τ  Ε  Ρ  Ύ  Λ
Ο  Υ  Τ  Λ  Α  Ί  Τ  Η  Μ  Ο  Ε  Τ  Λ  Ξ
Η  Η  Ρ  Ί  Β  Β  Ε  Δ  Α  Ξ  Ρ  Ψ  Ο  Λ
Υ  Υ  Έ  Ά  Ν  Ύ  Χ  Ι  Α  Ξ  Β  Η  Σ  Τ
```

ΚΤΗΝΊΑΤΡΟΣ
ΓΊΔΑ
ΣΑΎΡΑ
ΧΆΜΣΤΕΡ
ΣΚΎΛΟΣ
ΓΆΤΑ
ΓΑΤΆΚΙ
ΝΎΧΙΑ
ΑΓΕΛΆΔΑ
ΚΟΥΝΈΛΙ

ΚΟΛΆΡΟ
ΠΟΝΤΊΚΙ
ΠΑΠΑΓΆΛΟΣ
ΠΌΔΙΑ
ΚΟΥΤΆΒΙ
ΧΕΛΏΝΑ
ΟΥΡΆ
ΨΆΡΙ
ΤΡΟΦΉ
ΝΕΡΌ

43 - Landschappen

```
Ο  Ί  Ν  Υ  Ρ  Ψ  Λ  Σ  Κ  Ν  Π  Σ  Σ  Π
Π  Μ  Ί  Η  Β  Ι  Γ  Τ  Α  Ξ  Ο  Π  Ι  Α
Η  Α  Π  Π  Σ  Ν  Λ  Τ  Τ  Β  Τ  Ή  Π  Γ
Π  Φ  Ρ  Λ  Έ  Ί  Ο  Β  Α  Ά  Α  Λ  Έ  Ό
Υ  Χ  Α  Α  Α  Ω  Λ  Β  Ρ  Λ  Μ  Α  Χ  Β
Η  Β  Ξ  Ί  Λ  Ό  Φ  Ο  Ρ  Τ  Ό  Ι  Ε  Ο
Ό  Α  Σ  Η  Σ  Ί  Ο  Υ  Ά  Ο  Σ  Ο  Ρ  Υ
Ψ  Ί  Ν  Λ  Δ  Τ  Α  Ν  Κ  Σ  Δ  Υ  Σ  Ν
Κ  Ό  Λ  Π  Ο  Σ  Ε  Ό  Τ  Σ  Η  Ο  Ό  Ο
Τ  Ο  Ύ  Ν  Δ  Ρ  Α  Ι  Η  Λ  Ί  Μ  Ν  Η
Κ  Ο  Ι  Λ  Ά  Δ  Α  Χ  Ο  Χ  Χ  Ο  Η  Σ
Τ  Τ  Ν  Ι  Π  Α  Γ  Ε  Τ  Ώ  Ν  Α  Σ  Ν
Τ  Ω  Κ  Ε  Α  Ν  Ό  Σ  Ξ  Ι  Β  Ο  Ο  Π
Ε  Ρ  Ή  Μ  Ο  Υ  Ί  Θ  Ά  Λ  Α  Σ  Σ  Α
```

ΒΟΥΝΌ	ΩΚΕΑΝΌΣ
ΝΗΣΊ	ΠΟΤΑΜΌΣ
ΠΑΓΕΤΏΝΑΣ	ΧΕΡΣΌΝΗΣΟ
ΚΌΛΠΟΣ	ΠΑΡΑΛΊΑ
ΣΠΉΛΑΙΟ	ΤΟΎΝΔΡΑ
ΛΌΦΟ	ΚΟΙΛΆΔΑ
ΠΑΓΌΒΟΥΝΟ	ΗΦΑΊΣΤΕΙΟ
ΛΊΜΝΗ	ΚΑΤΑΡΡΆΚΤΗ
ΒΆΛΤΟΣ	ΕΡΉΜΟΥ
ΌΑΣΗ	ΘΆΛΑΣΣΑ

44 - Tuin

```
Ο  Φ  Η  Π  Φ  Λ  Ο  Υ  Λ  Ο  Ύ  Δ  Ι  Τ
Μ  Τ  Π  Ε  Ρ  Ι  Β  Ό  Λ  Ι  Μ  Ρ  Ξ  Σ
Ν  Υ  Λ  Γ  Α  Ν  Γ  Α  Μ  Π  Έ  Λ  Ι  Ο
Τ  Ά  Ν  Ι  Κ  Ν  Έ  Ρ  Α  Ι  Ώ  Ρ  Α  Υ
Δ  Ρ  Σ  Ρ  Τ  Γ  Ι  Ω  Α  Ε  Χ  Ψ  Ί  Γ
Ί  Ι  Α  Ρ  Η  Ι  Υ  Ο  Ω  Σ  Π  Ψ  Μ  Κ
Γ  Α  Τ  Μ  Σ  Δ  Σ  Ν  Χ  Π  Ί  Ι  Ί  Ρ
Σ  Κ  Ί  Ν  Π  Α  Γ  Κ  Ά  Κ  Ι  Δ  Ζ  Ά
Ω  Δ  Α  Π  Ω  Ο  Γ  Κ  Α  Ρ  Ά  Ζ  Ι  Ν
Λ  Έ  Μ  Ζ  Ω  Ν  Λ  Σ  Δ  Ρ  Μ  Κ  Ζ  Α
Ή  Ν  Ν  Ρ  Ό  Β  Ί  Ί  Χ  Χ  Ο  Ή  Ά  Ω
Ν  Τ  Χ  Χ  Η  Ν  Μ  Γ  Ν  Δ  Ί  Π  Ν  Ξ
Α  Ρ  Β  Ε  Ρ  Ά  Ν  Τ  Α  Ο  Μ  Ο  Ι  Χ
Δ  Ο  Ω  Ο  Έ  Ξ  Η  Χ  Υ  Ω  Μ  Σ  Α  Ι
```

ΠΑΓΚΆΚΙ	ΦΡΆΚΤΗΣ
ΛΟΥΛΟΎΔΙ	ΖΙΖΆΝΙΑ
ΔΈΝΤΡΟ	ΦΤΥΆΡΙ
ΠΕΡΙΒΌΛΙ	ΣΩΛΉΝΑ
ΓΚΑΡΆΖ	ΒΕΡΆΝΤΑ
ΓΚΑΖΌΝ	ΤΡΑΜΠΟΛΊΝΟ
ΓΡΑΣΊΔΙ	ΚΉΠΟΣ
ΑΙΏΡΑ	ΛΊΜΝΗ
ΤΣΟΥΓΚΡΆΝΑ	ΑΜΠΈΛΙ

45 - Katten

```
Α  Κ  Τ  Π  Κ  Γ  Ο  Ύ  Ν  Α  Α  Έ  Ν  Π
Σ  Ν  Ο  Ί  Δ  Υ  Έ  Ρ  Ή  Ξ  Υ  Λ  Ω  Ρ
Τ  Ύ  Ε  Ι  Ί  Σ  Ν  Έ  Μ  Α  Ο  Ο  Λ  Ο
Ε  Χ  Ε  Ξ  Μ  Ω  Δ  Η  Α  Ι  Χ  Α  Π  Σ
Ί  Ι  Β  Α  Ά  Ά  Π  Ε  Γ  Β  Σ  Δ  Ε  Ω
Ο  Γ  Ξ  Τ  Ι  Ρ  Μ  Δ  Π  Ό  Δ  Ι  Ρ  Π
Υ  Ψ  Έ  Ί  Δ  Λ  Τ  Α  Τ  Δ  Σ  Β  Ί  Ι
Ρ  Ρ  Ά  Α  Ε  Έ  Ί  Η  Ι  Έ  Έ  Ψ  Ε  Κ
Ά  Υ  Γ  Τ  Π  Π  Ο  Ν  Τ  Ί  Κ  Ι  Ρ  Ό
Ν  Τ  Ρ  Ο  Π  Α  Λ  Ό  Σ  Η  Έ  Τ  Γ  Τ
Π  Α  Ι  Χ  Ν  Ι  Δ  Ι  Ά  Ρ  Ι  Κ  Ο  Η
Μ  Α  Ο  Ξ  Γ  Ε  Μ  Χ  Έ  Ε  Ψ  Ω  Σ  Τ
Τ  Ρ  Ε  Λ  Ό  Ε  Α  Έ  Υ  Σ  Ε  Α  Υ  Α
Η  Ρ  Δ  Γ  Β  Ε  Έ  Ψ  Μ  Η  Ί  Ί  Υ  Ν
```

ΓΟΎΝΑ
ΝΉΜΑ
ΤΡΕΛΌ,
ΑΣΤΕΊΟ
ΚΥΝΗΓΌΣ
ΝΎΧΙ
ΠΟΝΤΊΚΙ
ΠΕΡΊΕΡΓΟΣ

ΑΝΕΞΆΡΤΗΤΗ
ΠΡΟΣΩΠΙΚΌΤΗΤΑ
ΠΌΔΙ
ΚΟΙΜΆΜΑΙ
ΠΑΙΧΝΙΔΙΆΡΙΚΟ
ΟΥΡΆ
ΝΤΡΟΠΑΛΌΣ
ΆΓΡΙΟ

46 - Beroepen #2

Γ	Λ	Ώ	Σ	Σ	Ο	Λ	Ό	Γ	Ο	Σ	Φ	Δ	Γ
Β	Ι	Ο	Λ	Ό	Γ	Ο	Σ	Η	Δ	Ι	Ι	Ά	Ε
Ν	Ί	Α	Γ	Ρ	Ο	Τ	Η	Σ	Ο	Ξ	Λ	Σ	Ι
Ι	Τ	Ί	Τ	Ι	Π	Ξ	Χ	Δ	Ν	Π	Ό	Κ	Κ
Γ	Α	Ε	Ε	Ρ	Ε	Υ	Ν	Η	Τ	Ή	Σ	Α	Ο
Χ	Δ	Β	Τ	Δ	Ο	Ξ	Η	Ρ	Ί	Π	Ο	Λ	Ν
Π	Ρ	Ω	Γ	Έ	Ψ	Σ	Ρ	Ω	Α	Ψ	Φ	Ο	Ο
Π	Ι	Μ	Μ	Ε	Κ	Έ	Ν	Τ	Τ	Ψ	Ο	Σ	Γ
Γ	Ψ	Λ	Η	Η	Ί	Τ	Β	Τ	Ρ	Ω	Σ	Ι	Ρ
Ψ	Γ	Ί	Ο	Τ	Ν	Τ	Ι	Ο	Ο	Ω	Ν	Λ	Ά
Η	Ψ	Γ	Ε	Τ	Χ	Μ	Χ	Β	Σ	Β	Ι	Χ	Φ
Μ	Η	Χ	Α	Ν	Ι	Κ	Ό	Σ	Λ	Χ	Χ	Γ	Ο
Ι	Α	Η	Χ	Ω	Π	Κ	Η	Π	Ο	Υ	Ρ	Ό	Σ
Έ	Έ	Δ	Σ	Δ	Ο	Η	Ή	Ε	Ξ	Α	Ί	Ε	Ν

ΙΑΤΡΟΣ
ΒΙΟΛΌΓΟΣ
ΑΓΡΟΤΗΣ
ΝΤΕΤΈΚΤΙΒ
ΦΙΛΌΣΟΦΟΣ
ΕΙΚΟΝΟΓΡΆΦΟΣ
ΜΗΧΑΝΙΚΌΣ

ΔΆΣΚΑΛΟΣ
ΓΛΩΣΣΟΛΌΓΟΣ
ΕΡΕΥΝΗΤΉΣ
ΠΙΛΟΤΙΚΉ
ΟΔΟΝΤΊΑΤΡΟΣ
ΚΗΠΟΥΡΌΣ

47 - Komedie

```
Τ  Χ  Ν  Π  Ω  Α  Ω  Γ  Ξ  Ι  Α  Β  Η  Ρ
Η  Ε  Έ  Έ  Γ  Σ  Ι  Έ  Α  Β  Κ  Ε  Θ  Γ
Λ  Ι  Κ  Α  Μ  Τ  Ε  Λ  Ρ  Ε  Ρ  Δ  Ο  Π
Ε  Ρ  Ι  Φ  Π  Ε  Ί  Ι  Μ  Χ  Ο  Ε  Π  Α
Ό  Ο  Υ  Έ  Ρ  Ί  Φ  Ο  Ρ  Έ  Α  Σ  Ο  Ρ
Ρ  Κ  Ί  Θ  Α  Τ  Ί  Υ  Ξ  Τ  Έ  Ι  Ω
Α  Ρ  Σ  Δ  Έ  Ξ  Σ  Τ  Υ  Τ  Ή  Τ  Ό  Δ
Σ  Ό  Τ  Ο  Α  Τ  Κ  Τ  Β  Μ  Ρ  Ρ  Σ  Ί
Η  Τ  Ε  Σ  Τ  Δ  Λ  Λ  Ι  Γ  Ι  Ψ  Μ  Α
Α  Η  Ί  Ν  Ρ  Τ  Ό  Χ  Έ  Κ  Ο  Η  Ψ  Π
Α  Μ  Ο  Ο  Ο  Η  Ο  Β  Χ  Δ  Ή  Η  Χ  Α
Χ  Α  Μ  Ι  Χ  Ι  Υ  Χ  Ι  Ο  Ύ  Μ  Ο  Ρ
Ί  Λ  Α  Ι  Γ  Σ  Ν  Ξ  Η  Γ  Η  Ο  Μ  Ν
Δ  Ι  Α  Σ  Κ  Έ  Δ  Α  Σ  Η  Π  Ω  Ρ  Ω
```

ΦΟΡΈΑΣ
ΗΘΟΠΟΙΌΣ
ΧΕΙΡΟΚΡΌΤΗΜΑ
ΚΛΌΟΥΝ
ΕΚΦΡΑΣΤΙΚΉ
ΓΈΛΙΟ
ΕΊΔΟΣ
ΑΣΤΕΊΑ

ΑΣΤΕΊΟ
ΧΙΟΎΜΟΡ
ΠΑΡΩΔΊΑ
ΔΙΑΣΚΈΔΑΣΗ
ΑΚΡΟΑΤΉΡΙΟ
ΤΗΛΕΌΡΑΣΗ
ΘΈΑΤΡΟ

48 - Dagen en Maanden

```
Ι  Μ  Α  Ο  Χ  Τ  Ε  Σ  Ά  Β  Β  Α  Τ  Ο
Α  Ο  Ω  Π  Ρ  Α  Υ  Β  Μ  Ή  Ν  Α  Σ  Φ
Ν  Κ  Α  Α  Σ  Ί  Τ  Ί  Δ  Υ  Ο  Ξ  Δ  Ε
Ο  Τ  Υ  Ρ  Β  Ε  Ω  Β  Ν  Ο  Ε  Ρ  Έ  Β
Υ  Ω  Γ  Α  Π  Ο  Ρ  Ε  Ί  Α  Μ  Υ  Ι  Ρ
Α  Β  Ο  Σ  Υ  Έ  Τ  Π  Ν  Ξ  Β  Ά  Γ  Ο
Ρ  Ρ  Ύ  Κ  Η  Δ  Π  Έ  Ψ  Μ  Ρ  Ι  Δ  Υ
Ί  Ί  Σ  Ε  Π  Τ  Ε  Μ  Β  Ρ  Ί  Ο  Υ  Α
Ο  Ο  Τ  Υ  Ι  Ο  Ε  Π  Γ  Δ  Ο  Υ  Τ  Ρ
Υ  Υ  Ο  Ή  Λ  Ί  Έ  Τ  Ο  Β  Υ  Λ  Ρ  Ί
Ω  Μ  Υ  Ε  Τ  Ο  Σ  Η  Ά  Ξ  Β  Ί  Ί  Ο
Ι  Ο  Υ  Ν  Ί  Ο  Υ  Τ  Ε  Ρ  Τ  Ο  Υ
Δ  Ε  Υ  Τ  Έ  Ρ  Α  Ρ  Ε  Ί  Τ  Υ  Η  Ι
Η  Μ  Ε  Ρ  Ο  Λ  Ό  Γ  Ι  Ο  Η  Η  Υ  Π
```

ΑΥΓΟΎΣΤΟΥ	ΔΕΥΤΈΡΑ
ΤΡΊΤΗ	ΠΟΡΕΊΑ
ΠΈΜΠΤΗ	ΝΟΕΜΒΡΊΟΥ
ΦΕΒΡΟΥΑΡΊΟΥ	ΟΚΤΩΒΡΊΟΥ
ΕΤΟΣ	ΣΕΠΤΕΜΒΡΊΟΥ
ΙΑΝΟΥΑΡΊΟΥ	ΠΑΡΑΣΚΕΥΉ
ΙΟΥΛΊΟΥ	ΕΒΔΟΜΆΔΑ
ΙΟΥΝΊΟΥ	ΤΕΤΆΡΤΗ
ΗΜΕΡΟΛΌΓΙΟ	ΣΆΒΒΑΤΟ
ΜΉΝΑΣ	

49 - Beeldende Kunsten

```
Φ  Ξ  Σ  Τ  Ν  Β  Ω  Τ  Κ  Δ  Γ  Σ  Α  Σ
Ω  Ε  Ί  Λ  Υ  Ε  Ρ  Σ  Ι  Σ  Λ  Χ  Ρ  Π
Τ  Κ  Ί  Ρ  Ί  Ρ  Ρ  Η  Μ  Τ  Υ  Ί  Χ  Λ
Ο  Α  Β  Σ  Π  Ν  Ω  Ξ  Ω  Υ  Π  Ρ  Ι  Μ
Γ  Β  Ι  Ύ  Υ  Ί  Λ  Σ  Λ  Μ  Τ  Α  Τ  Ο
Ρ  Α  Μ  Ν  Γ  Κ  Ο  Ρ  Ί  Χ  Ι  Π  Ε  Λ
Α  Λ  Ξ  Θ  Ί  Ι  Ί  Β  Α  Τ  Κ  Ρ  Κ  Ύ
Φ  Έ  Κ  Ε  Ρ  Α  Μ  Ι  Κ  Ή  Ή  Ο  Τ  Β
Ί  Τ  Ί  Σ  Π  Ο  Ρ  Τ  Ρ  Έ  Τ  Ο  Ο  Ι
Α  Ο  Ψ  Η  Κ  Ε  Ρ  Ί  Ρ  Α  Ι  Π  Ν  Ψ
Κ  Α  Λ  Λ  Ι  Τ  Έ  Χ  Ν  Η  Σ  Τ  Ι  Τ
Σ  Τ  Υ  Λ  Ό  Ζ  Ω  Γ  Ρ  Α  Φ  Ι  Κ  Ή
Π  Ο  Λ  Υ  Γ  Ρ  Ά  Φ  Ο  Τ  Γ  Κ  Ή  Έ
Κ  Ά  Ρ  Β  Ο  Υ  Ν  Ο  Λ  Δ  Ί  Ή  Α  Ο
```

ΑΡΧΙΤΕΚΤΟΝΙΚΉ
ΚΑΛΛΙΤΈΧΝΗΣ
ΓΛΥΠΤΙΚΉ
ΚΑΒΑΛΈΤΟ
ΤΑΙΝΊΑ
ΦΩΤΟΓΡΑΦΊΑ
ΚΆΡΒΟΥΝΟ
ΚΕΡΑΜΙΚΉ
ΚΙΜΩΛΊΑ

ΣΤΥΛΌ
ΠΡΟΟΠΤΙΚΉ
ΠΟΡΤΡΈΤΟ
ΜΟΛΎΒΙ
ΣΎΝΘΕΣΗ
ΖΩΓΡΑΦΙΚΉ
ΠΟΛΥΓΡΆΦΟ
ΒΕΡΝΊΚΙ
ΚΕΡΊ

50 - Menselijk Lichaam

```
Λ  Χ  Ν  Λ  Α  Έ  Ξ  Τ  Μ  Ρ  Σ  Μ  Χ  Σ
Τ  Α  Γ  Λ  Ώ  Σ  Σ  Α  Η  Γ  Λ  Ι  Ψ  Τ
Ψ  Χ  Ι  Μ  Λ  Μ  Υ  Α  Λ  Ό  Ξ  Λ  Σ  Ό
Σ  Α  Χ  Μ  Ρ  Α  Ο  Κ  Α  Ρ  Δ  Ι  Ά  Μ
Ρ  Μ  Έ  Τ  Ό  Ψ  Σ  Σ  Α  Ί  Μ  Α  Π  Α
Δ  Έ  Ρ  Μ  Α  Σ  Π  Α  Μ  Η  Ο  Τ  Ο  Σ
Ι  Χ  Ι  Ύ  Σ  Έ  Ν  Γ  Ό  Ν  Α  Τ  Ο  Τ
Π  Έ  Ρ  Τ  Π  Β  Χ  Ό  Μ  Λ  Έ  Π  Ψ  Ρ
Ό  Η  Ε  Η  Ω  Ω  Χ  Ν  Υ  Α  Η  Δ  Κ  Ά
Δ  Έ  Γ  Α  Ξ  Δ  Έ  Ι  Α  Β  Δ  Σ  Ε  Γ
Ι  Β  Ρ  Ο  Δ  Σ  Τ  Ο  Μ  Ά  Χ  Ι  Φ  Α
Η  Υ  Δ  Ί  Ύ  Α  Γ  Κ  Ώ  Ν  Α  Μ  Ά  Λ
Ρ  Ί  Ε  Π  Ω  Ν  Μ  Δ  Ά  Χ  Τ  Υ  Λ  Ο
Ξ  Ψ  Χ  Λ  Μ  Ι  Ι  Α  Υ  Τ  Ί  Ω  Ι  Σ
```

ΠΌΔΙ	ΠΗΓΟΎΝΙ
ΑΊΜΑ	ΓΌΝΑΤΟ
ΑΓΚΏΝΑ	ΣΤΟΜΆΧΙ
ΑΣΤΡΆΓΑΛΟΣ	ΣΤΌΜΑ
ΧΈΡΙ	ΛΑΙΜΌΣ
ΚΑΡΔΙΆ	ΜΎΤΗ
ΜΥΑΛΌ	ΑΥΤΊ
ΚΕΦΆΛΙ	ΏΜΟΣ
ΔΈΡΜΑ	ΓΛΏΣΣΑ
ΣΑΓΌΝΙ	ΔΆΧΤΥΛΟ

51 - Familie

```
Π  Α  Π  Π  Ο  Ύ  Σ  Π  Έ  Μ  Ε  Δ  Α  Σ
Ε  Γ  Γ  Ο  Ν  Ό  Σ  Α  Ψ  Ε  Ρ  Ε  Δ  Ο
Α  Δ  Χ  Ι  Έ  Υ  Η  Τ  Π  Υ  Ν  Η  Ε  Ξ
Δ  Δ  Χ  Τ  Χ  Ν  Χ  Ρ  Ι  Ί  Γ  Μ  Λ  Ι
Ε  Γ  Ό  Ν  Ι  Π  Ι  Σ  Ι  Σ  Έ  Φ  Έ
Λ  Δ  Ί  Δ  Υ  Μ  Α  Κ  Κ  Ό  Ρ  Η  Ή  Έ
Φ  Η  Τ  Ψ  Μ  Η  Τ  Ή  Γ  Ι  Α  Γ  Ι  Ά
Ο  Π  Π  Ε  Μ  Τ  Έ  Α  Ν  Ι  Ψ  Ι  Ό  Σ
Σ  Λ  Α  Α  Π  Έ  Ρ  Π  Γ  Ω  Ε  Χ  Ξ  Ύ
Ρ  Υ  Χ  Ι  Μ  Ρ  Α  Α  Ν  Ι  Ψ  Ι  Ά  Ζ
Μ  Ί  Α  Η  Δ  Α  Σ  Θ  Ε  Ί  Ο  Σ  Π  Υ
Ρ  Ι  Ί  Ε  Δ  Ί  Ί  Ξ  Ε  Ν  Ε  Ε  Η  Γ
Γ  Β  Χ  Σ  Λ  Γ  Υ  Ν  Α  Ί  Κ  Α  Υ  Ο
Μ  Π  Ρ  Ό  Γ  Ο  Ν  Ο  Σ  Η  Α  Λ  Τ  Σ
```

ΑΔΕΛΦΟΣ	ΘΕΊΟΣ
ΚΌΡΗ	ΠΑΠΠΟΎΣ
ΓΙΑΓΙΆ	ΘΕΊΑ
ΠΑΙΔΊ	ΔΊΔΥΜΑ
ΕΓΓΌΝΙ	ΠΑΤΈΡΑΣ
ΕΓΓΟΝΌΣ	ΠΑΤΡΙΚΉ
ΣΎΖΥΓΟΣ	ΠΡΌΓΟΝΟΣ
ΜΗΤΈΡΑ	ΓΥΝΑΊΚΑ
ΑΝΙΨΙΌΣ	ΑΔΕΛΦΉ
ΑΝΙΨΙΆ	

52 - Gebouwen

```
Σ  Ε  Ξ  Ε  Ν  Ο  Δ  Ο  Χ  Ε  Ί  Ο  Γ  Α
Τ  Ρ  Γ  Δ  Ψ  Λ  Ι  Χ  Α  Λ  Μ  Ψ  Κ  Χ
Ά  Γ  Χ  Λ  Ω  Κ  Α  Μ  Π  Ί  Ν  Α  Α  Υ
Δ  Ο  Έ  Ί  Ι  Γ  Μ  Ά  Ρ  Κ  Ε  Τ  Ρ  Ρ
Ι  Σ  Τ  Μ  Ω  Π  Έ  Σ  Ο  Σ  Μ  Α  Ά  Ώ
Ο  Τ  Χ  Σ  Π  Ύ  Ρ  Γ  Ο  Σ  Ο  Μ  Ζ  Ν
Κ  Ά  Σ  Τ  Ρ  Ο  Ι  Ε  Ρ  Β  Υ  Ο  Σ  Α
Α  Σ  Ξ  Η  Ρ  Ξ  Σ  Β  Σ  Η  Ε  Υ  Κ  Σ
Ν  Ι  Ν  Υ  Σ  Ε  Μ  Τ  Τ  Β  Ο  Σ  Η  Χ
Π  Ο  Σ  Γ  Θ  Έ  Α  Τ  Ρ  Ο  Ε  Ε  Ν  Ο
Α  Γ  Ρ  Ό  Κ  Τ  Η  Μ  Α  Δ  Π  Ί  Ή  Λ
Π  Α  Ν  Ε  Π  Ι  Σ  Τ  Ή  Μ  Ι  Ο  Α  Ε
Π  Α  Ρ  Α  Τ  Η  Ρ  Η  Τ  Ή  Ρ  Ι  Ο  Ί
Ί  Β  Τ  Ι  Ε  Ρ  Γ  Α  Σ  Τ  Ή  Ρ  Ι  Ο
```

ΠΡΕΣΒΕΊΑ
ΔΙΑΜΈΡΙΣΜΑ
ΑΓΡΌΚΤΗΜΑ
ΚΑΜΠΊΝΑ
ΕΡΓΟΣΤΆΣΙΟ
ΓΚΑΡΆΖ
ΞΕΝΟΔΟΧΕΊΟ
ΚΆΣΤΡΟ
ΕΡΓΑΣΤΉΡΙΟ
ΜΟΥΣΕΊΟ

ΠΑΡΑΤΗΡΗΤΉΡΙΟ
ΣΧΟΛΕΊΟ
ΑΧΥΡΏΝΑ
ΣΤΆΔΙΟ
ΜΆΡΚΕΤ
ΣΚΗΝΉ
ΘΈΑΤΡΟ
ΠΎΡΓΟΣ
ΠΑΝΕΠΙΣΤΉΜΙΟ

53 - Kunst

Ν	Λ	Θ	Ο	Π	Τ	Ι	Κ	Ή	Έ	Α	Ρ	Ε	Έ
Β	Ι	Ε	Έ	Ξ	Π	Λ	Π	Ψ	Ω	Π	Δ	Μ	Κ
Τ	Έ	Υ	Ν	Μ	Α	Έ	Γ	Ω	Α	Λ	Α	Π	Φ
Β	Έ	Κ	Ε	Ρ	Α	Μ	Ι	Κ	Ή	Ό	Τ	Ν	Ρ
Π	Ο	Ί	Η	Σ	Η	Δ	Δ	Ρ	Η	Σ	Έ	Ε	Α
Σ	Ο	Υ	Ρ	Ε	Α	Λ	Ι	Σ	Μ	Ό	Σ	Υ	Σ
Ύ	Σ	Σ	Π	Η	Υ	Σ	Δ	Ά	Έ	Ρ	Ν	Σ	Η
Ν	Υ	Ύ	Έ	Ω	Ι	Υ	Τ	Α	Θ	Τ	Ν	Μ	Α
Θ	Μ	Ν	Ε	Β	Υ	Β	Ί	Ι	Δ	Ε	Ί	Έ	Ρ
Ε	Β	Θ	Γ	Λ	Υ	Π	Τ	Ι	Κ	Ή	Σ	Ν	Χ
Τ	Ο	Ε	Π	Ρ	Ο	Σ	Ω	Π	Ι	Κ	Ό	Η	Ι
Η	Λ	Σ	Ν	Ψ	Ψ	Γ	Ί	Α	Ε	Λ	Α	Ρ	Κ
Δ	Ο	Η	Ζ	Ω	Γ	Ρ	Α	Φ	Ι	Κ	Ή	Γ	Ή
Δ	Η	Μ	Ι	Ο	Υ	Ρ	Γ	Ώ	Σ	Λ	Σ	Δ	Ί

ΓΛΥΠΤΙΚΉ
ΣΎΝΘΕΤΗ
ΔΗΜΙΟΥΡΓΏ
ΑΠΛΌΣ
ΕΜΠΝΕΥΣΜΈΝΗ
ΔΙΆΘΕΣΗ
ΚΕΡΑΜΙΚΉ
ΘΈΜΑ
ΑΡΧΙΚΉ

ΠΡΟΣΩΠΙΚΌ
ΠΟΊΗΣΗ
ΣΎΝΘΕΣΗ
ΖΩΓΡΑΦΙΚΉ
ΣΟΥΡΕΑΛΙΣΜΌΣ
ΣΎΜΒΟΛΟ
ΈΚΦΡΑΣΗ
ΟΠΤΙΚΉ

54 - Beroepen #1

Π	Ί	Έ	Ν	Δ	Β	Α	Ε	Μ	Γ	Χ	Π	Κ	Π
Χ	Ψ	Τ	Ο	Ι	Έ	Σ	Π	Π	Π	Ο	Μ	Τ	Ι
Μ	Ξ	Ι	Σ	Δ	Υ	Τ	Ε	Φ	Ρ	Ρ	Ω	Η	Α
Ο	Μ	Ε	Ο	Ά	Λ	Ρ	Ξ	Α	Έ	Ε	Χ	Ν	Ν
Υ	Μ	Ί	Κ	Κ	Υ	Ο	Ε	Ρ	Σ	Υ	Α	Ί	Ί
Σ	Δ	Δ	Ό	Τ	Σ	Ν	Ρ	Μ	Β	Τ	Ρ	Α	Σ
Ι	Ι	Ρ	Μ	Ω	Γ	Ό	Γ	Α	Η	Ή	Τ	Τ	Τ
Κ	Κ	Κ	Α	Ρ	Ε	Μ	Α	Κ	Σ	Σ	Ο	Ρ	Α
Ό	Η	Υ	Θ	Υ	Ω	Ο	Σ	Ο	Η	Υ	Γ	Ο	Σ
Σ	Γ	Ν	Λ	Χ	Λ	Σ	Ί	Π	Ί	Έ	Ρ	Σ	Χ
Ψ	Ό	Η	Η	Ι	Ό	Ι	Α	Ο	Π	Υ	Ά	Ο	Μ
Α	Ρ	Γ	Τ	Α	Γ	Ω	Κ	Ι	Ο	Α	Φ	Έ	Γ
Λ	Ο	Ό	Ή	Ο	Ο	Ψ	Χ	Ό	Ψ	Υ	Ο	Δ	Ξ
Ψ	Σ	Σ	Σ	Ψ	Σ	Ω	Χ	Σ	Σ	Ξ	Σ	Υ	Π

ΔΙΚΗΓΌΡΟΣ
ΠΡΈΣΒΗΣ
ΦΑΡΜΑΚΟΠΟΙΌΣ
ΑΣΤΡΟΝΌΜΟΣ
ΑΘΛΗΤΉΣ
ΧΑΡΤΟΓΡΆΦΟΣ
ΧΟΡΕΥΤΉΣ
ΚΤΗΝΊΑΤΡΟΣ

ΔΙΔΆΚΤΩΡ
ΕΠΕΞΕΡΓΑΣΊΑ
ΓΕΩΛΌΓΟΣ
ΚΥΝΗΓΌΣ
ΥΔΡΑΥΛΙΚΌΣ
ΜΟΥΣΙΚΌΣ
ΠΙΑΝΊΣΤΑΣ
ΝΟΣΟΚΌΜΑ

55 - Kastelen

Β	Ω	Δ	Μ	Α	Ι	Β	Ν	Ι	Ι	Ά	Α	Ω	Π
Δ	Α	Ω	Ρ	Τ	Α	Π	Ν	Ψ	Δ	Λ	Σ	Π	Α
Π	Σ	Σ	Α	Μ	Τ	Μ	Π	Τ	Δ	Ο	Π	Π	Ν
Δ	Π	Τ	Ί	Υ	Ί	Ι	Δ	Ό	Σ	Γ	Ί	Κ	Ο
Υ	Α	Έ	Χ	Λ	Λ	Ί	Ρ	Δ	Τ	Ο	Δ	Α	Π
Ν	Θ	Μ	Ε	Σ	Ε	Ρ	Ά	Σ	Ξ	Η	Α	Τ	Λ
Α	Ί	Μ	Ε	Ε	Ο	Ι	Κ	Λ	Η	Ξ	Σ	Α	Ί
Σ	Ξ	Α	Η	Δ	Φ	Ρ	Ο	Ύ	Ρ	Ι	Ο	Π	Α
Τ	Π	Ύ	Ρ	Γ	Ο	Σ	Σ	Ψ	Δ	Τ	Τ	Έ	Τ
Ε	Β	Α	Π	Ρ	Ί	Γ	Κ	Ι	Π	Α	Σ	Λ	Ο
Ί	Χ	Υ	Λ	Υ	Ί	Α	Α	Τ	Ο	Β	Ω	Τ	Ί
Α	Έ	Μ	Α	Ά	Ε	Υ	Γ	Ε	Ν	Ή	Σ	Η	Χ
Μ	Π	Ο	Υ	Ν	Τ	Ρ	Ο	Ύ	Μ	Ι	Π	Σ	Ο
Σ	Β	Η	Χ	Λ	Γ	Ι	Λ	Ο	Ψ	Μ	Ρ	Ι	Σ

ΔΡΆΚΟΣ   ΤΟΊΧΟΣ
ΔΥΝΑΣΤΕΊΑ   ΆΛΟΓΟ
ΕΥΓΕΝΉΣ   ΠΑΛΆΤΙ
ΦΡΟΎΡΙΟ   ΠΡΊΓΚΙΠΑΣ
ΠΑΝΟΠΛΊΑ   ΙΠΠΌΤΗΣ
ΚΑΤΑΠΈΛΤΗΣ   ΑΣΠΊΔΑ
ΜΠΟΥΝΤΡΟΎΜΙ   ΠΎΡΓΟΣ
ΒΑΣΊΛΕΙΟ   ΣΠΑΘΊ
ΣΤΈΜΜΑ

56 - Insecten

```
Σ Μ Ά Ν Τ Η Σ Ψ Ί Λ Μ Κ Λ Τ
Σ Κ Μ Υ Ρ Μ Ή Γ Κ Ι Έ Α Έ Ζ
Κ Ί Ώ Ι Ί Ε Β Λ Δ Π Λ Τ Π Ι
Α Λ Π Ρ Ρ Ν Σ Χ Δ Μ Ι Σ Υ Τ
Θ Π Ν Ρ Ο Έ Α Ω Μ Μ Σ Α Π Ζ
Ά Ρ Ξ Σ Η Σ Σ Κ Π Ε Σ Ρ Α Ί
Ρ Σ Χ Γ Ω Ω Κ Ο Ρ Λ Α Ί Ί Κ
Ι Χ Φ Χ Ρ Γ Ο Υ Ο Ί Λ Δ Θ Ι
Μ Τ Β Ή Α Ψ Υ Ν Ν Γ Δ Α Ρ Έ
Β Ί Γ Δ Κ Τ Λ Ο Ύ Κ Έ Α Ι Μ
Δ Π Ι Γ Υ Α Ή Ύ Μ Ρ Δ Ί Α Ω
Ο Ο Ν Χ Μ Λ Κ Π Φ Α Ν Λ Ί Π
Μ Ί Υ Χ Σ Υ Ι Ι Η Ι Μ Ω Ν Ο
Ο Τ Ε Ρ Μ Ί Τ Η Σ Ξ Ξ Ν Μ Γ
```

ΜΆΝΤΗΣ   ΣΚΏΡΟΣ
ΜΈΛΙΣΣΑ   ΚΟΥΝΟΎΠΙ
ΜΕΛΊΓΚΡΑ   ΑΚΡΊΔΑ
ΤΖΙΤΖΊΚΙ   ΤΕΡΜΊΤΗΣ
ΚΑΤΣΑΡΊΔΑ   ΥΠΑΊΘΡΙΑ
ΣΚΑΘΆΡΙ   ΣΦΉΚΑ
ΠΡΟΝΎΜΦΗ   ΣΚΟΥΛΉΚΙ
ΜΥΡΜΉΓΚΙ

57 - Antarctica

```
Χ  Ε  Ρ  Σ  Ό  Ν  Η  Σ  Ο  Η  Τ  Π  Ε  Ω
Τ  Ο  Π  Ο  Γ  Ρ  Α  Φ  Ί  Α  Υ  Ά  Ν  Ψ
Π  Ι  Γ  Κ  Ο  Υ  Ί  Ν  Ο  Ι  Ρ  Γ  Π  Ο
Ο  Η  Ε  Ν  Ό  Ε  Π  Μ  Ω  Γ  Υ  Ο  Η  Π
Ψ  Έ  Ω  Δ  Μ  Λ  Σ  Υ  Υ  Η  Α  Σ  Ρ  Χ
Ψ  Ι  Γ  Τ  Ε  Ή  Π  Ε  Ι  Ρ  Ο  Σ  Γ  Β
Η  Έ  Ρ  Θ  Ε  Ρ  Μ  Ο  Κ  Ρ  Α  Σ  Ί  Α
Β  Ρ  Α  Χ  Ώ  Δ  Η  Σ  Ρ  Ν  Λ  Ρ  Σ  Ε
Ω  Τ  Φ  Ν  Η  Σ  Ι  Ά  Ε  Υ  Ε  Ι  Λ  Κ
Ί  Ξ  Ί  Σ  Ύ  Ν  Ν  Ε  Φ  Α  Κ  Ρ  Ν  Δ
Δ  Ι  Α  Τ  Ή  Ρ  Η  Σ  Η  Χ  Ο  Τ  Ό  Ρ
Ε  Ρ  Ε  Υ  Ν  Η  Τ  Ή  Σ  Υ  Υ  Ε  Ά  Ο
Ί  Ε  Ί  Δ  Ο  Σ  Γ  Ο  Ο  Χ  Ω  Έ  Ι  Μ
Π  Ε  Ρ  Ι  Β  Ά  Λ  Λ  Ο  Ν  Β  Ω  Γ  Ή
```

ΚΌΛΠΟ	ΕΡΕΥΝΗΤΉΣ
ΔΙΑΤΉΡΗΣΗ	ΠΙΓΚΟΥΊΝΟΙ
ΉΠΕΙΡΟΣ	ΒΡΑΧΏΔΗΣ
ΝΗΣΙΆ	ΧΕΡΣΌΝΗΣΟ
ΕΚΔΡΟΜΉ	ΕΊΔΟΣ
ΓΕΩΓΡΑΦΊΑ	ΘΕΡΜΟΚΡΑΣΊΑ
ΠΆΓΟΣ	ΤΟΠΟΓΡΑΦΊΑ
ΟΡΥΚΤΆ	ΝΕΡΌ
ΠΕΡΙΒΆΛΛΟΝ	ΣΎΝΝΕΦΑ

58 - Ballet

```
Κ  Α  Λ  Λ  Ι  Τ  Ε  Χ  Ν  Ι  Κ  Ή  Α  Σ
Μ  Χ  Ε  Χ  Ο  Ρ  Ο  Γ  Ρ  Α  Φ  Ί  Α  Ό
Έ  Ο  Ρ  Χ  Ή  Σ  Τ  Ρ  Α  Ε  Χ  Σ  Γ  Λ
Ν  Χ  Ε  Ι  Ρ  Ο  Κ  Ρ  Ό  Τ  Η  Μ  Α  Ο
Τ  Ε  Χ  Ν  Ι  Κ  Ή  Ξ  Ί  Λ  Μ  Έ  Μ  Π
Α  Ι  Μ  Χ  Ο  Ρ  Ε  Υ  Τ  Ε  Σ  Α  Ο  Ρ
Σ  Ρ  Έ  Π  Χ  Λ  Ψ  Ο  Μ  Ω  Μ  Ρ  Υ  Ό
Η  Ο  Ά  Ν  Ί  Υ  Λ  Υ  Ι  Π  Έ  Σ  Β
Σ  Ν  Σ  Υ  Β  Λ  Ρ  Υ  Θ  Μ  Ο  Ύ  Ι  Α
Λ  Ο  Κ  Δ  Μ  Ξ  Α  Ι  Μ  Ξ  Β  Λ  Κ  Χ
Γ  Μ  Η  Ω  Ν  Ω  Α  Ρ  Α  Α  Ν  Ρ  Ή  Α
Π  Ί  Σ  Τ  Υ  Λ  Ψ  Ι  Ί  Η  Υ  Ί  Ψ  Μ
Τ  Α  Η  Ε  Λ  Ί  Β  Σ  Υ  Ν  Θ  Έ  Τ  Η
Α  Κ  Ρ  Ο  Α  Τ  Ή  Ρ  Ι  Ο  Α  Η  Τ  Έ
```

ΧΕΙΡΟΚΡΌΤΗΜΑ	ΟΡΧΉΣΤΡΑ
ΚΑΛΛΙΤΕΧΝΙΚΉ	ΆΣΚΗΣΗ
ΜΠΑΛΑΡΊΝΑ	ΑΚΡΟΑΤΉΡΙΟ
ΧΟΡΟΓΡΑΦΊΑ	ΠΡΌΒΑ
ΣΥΝΘΈΤΗ	ΡΥΘΜΟΎ
ΧΟΡΕΥΤΕΣ	ΣΌΛΟ
ΧΕΙΡΟΝΟΜΊΑ	ΣΤΥΛ
ΈΝΤΑΣΗ	ΤΕΧΝΙΚΉ
ΜΟΥΣΙΚΉ	

59 - Vissen

```
Χ  Ρ  Ο  Π  Τ  Ε  Ρ  Ύ  Γ  Ι  Α  Κ  Τ  Σ
Ί  Δ  Ν  Α  Λ  Ί  Μ  Ν  Η  Λ  Έ  Α  Δ  Ύ
Έ  Μ  Π  Ρ  Δ  Ό  Λ  Ω  Μ  Α  Ξ  Λ  Η  Ρ
Ί  Μ  Ι  Α  Π  Γ  Ξ  Ζ  Ρ  Υ  Λ  Ά  Μ  Μ
Υ  Ι  Ρ  Λ  Ψ  Λ  Β  Υ  Τ  Η  Έ  Θ  Χ  Α
Υ  Π  Α  Ί  Β  Ρ  Ά  Γ  Χ  Ι  Α  Ι  Δ  Ο
Π  Ο  Ε  Α  Π  Ι  Ρ  Ί  Μ  Ω  Ψ  Ρ  Α  Ι
Ο  Τ  Ν  Ρ  Ι  Ψ  Κ  Ζ  Δ  Η  Δ  Ο  Ι  Λ
Μ  Α  Ι  Ε  Β  Ί  Α  Ω  Κ  Ε  Α  Ν  Ό  Σ
Ο  Μ  Ψ  Β  Ρ  Ο  Η  Ψ  Έ  Π  Π  Ω  Ί  Α
Ν  Ό  Δ  Χ  Υ  Ό  Λ  Δ  Ί  Ο  Η  Λ  Ο  Γ
Ή  Σ  Μ  Δ  Ω  Π  Ί  Ή  Έ  Χ  Ω  Γ  Β  Ό
Ά  Γ  Κ  Ι  Σ  Τ  Ρ  Ο  Ο  Ή  Η  Υ  Ί  Ν
Ε  Ξ  Ο  Π  Λ  Ι  Σ  Μ  Ό  Σ  Η  Λ  Μ  Ι
```

ΔΌΛΩΜΑ	ΚΑΛΆΘΙ
ΕΞΟΠΛΙΣΜΌΣ	ΛΊΜΝΗ
ΒΆΡΚΑ	ΩΚΕΑΝΌΣ
ΣΎΡΜΑ	ΥΠΕΡΒΟΛΉ
ΥΠΟΜΟΝΉ	ΠΟΤΑΜΌΣ
ΖΥΓΊΖΩ	ΕΠΟΧΉ
ΆΓΚΙΣΤΡΟ	ΠΑΡΑΛΊΑ
ΣΑΓΌΝΙ	ΠΤΕΡΎΓΙΑ
ΒΡΆΓΧΙΑ	ΝΕΡΌ

60 - Fruit

```
Π  Λ  Ε  Μ  Ό  Ν  Ι  Χ  Ρ  Α  Ψ  Σ  Β  Π
Π  Ο  Ν  Β  Ά  Μ  Ο  Ύ  Ρ  Ο  Σ  Ω  Μ  Α
Ε  Μ  Ρ  Ν  Ξ  Ν  Β  Γ  Υ  Ο  Ξ  Ν  Μ  Π
Π  Μ  Λ  Τ  Χ  Α  Γ  Μ  Λ  Ί  Μ  Ε  Δ  Ά
Ό  Ν  Π  Ρ  Ο  Δ  Ά  Κ  Ι  Ν  Ο  Κ  Μ  Γ
Ν  Ε  Λ  Α  Ί  Κ  Δ  Β  Ο  Α  Β  Τ  Ή  Ι
Ι  Υ  Β  Ι  Ν  Ρ  Ά  Ω  Μ  Κ  Α  Α  Λ  Α
Ι  Η  Ε  Σ  Χ  Ά  Ε  Λ  Ω  Τ  Τ  Ρ  Ο  Β
Κ  Α  Ρ  Ύ  Δ  Α  Ν  Ρ  Ι  Ι  Ό  Ί  Έ  Ο
Ψ  Χ  Ί  Έ  Μ  Ν  Γ  Α  Έ  Ν  Μ  Ν  Ξ  Κ
Χ  Λ  Κ  Ι  Δ  Α  Ω  Ψ  Έ  Ί  Ο  Ι  Γ  Ά
Τ  Ά  Ο  Ν  Σ  Ν  Χ  Α  Ο  Δ  Υ  Ι  Έ  Ν
Α  Δ  Κ  Ε  Ρ  Ά  Σ  Ι  Ι  Ι  Ρ  Π  Έ  Τ
Η  Ι  Ο  Χ  Ρ  Ί  Δ  Β  Μ  Ο  Ο  Υ  Έ  Ο
```

ΒΕΡΊΚΟΚΟ
ΑΝΑΝΆ
ΜΉΛΟ
ΑΒΟΚΆΝΤΟ
ΜΠΑΝΆΝΑ
ΜΟΎΡΟ
ΛΕΜΌΝΙ
ΒΑΤΌΜΟΥΡΟ
ΚΕΡΆΣΙ

ΑΚΤΙΝΊΔΙΟ
ΚΑΡΎΔΑ
ΜΆΝΓΚΟ
ΠΕΠΌΝΙ
ΝΕΚΤΑΡΊΝΙ
ΠΟΡΤΟΚΆΛΙ
ΠΑΠΆΓΙΑ
ΑΧΛΆΔΙ
ΡΟΔΆΚΙΝΟ

61 - Literatuur

```
Ξ  Ί  Ψ  Μ  Υ  Θ  Ι  Σ  Τ  Ό  Ρ  Η  Μ  Α
Σ  Ύ  Γ  Κ  Ρ  Ι  Σ  Η  Σ  Τ  Υ  Λ  Τ  Ν
Σ  Υ  Μ  Π  Έ  Ρ  Α  Σ  Μ  Α  Θ  Π  Ξ  Έ
Τ  Ρ  Α  Γ  Ω  Δ  Ί  Α  Ο  Α  Μ  Ε  Γ  Κ
Τ  Χ  Ξ  Φ  Σ  Σ  Χ  Ν  Α  Ν  Ο  Ρ  Ω  Δ
Θ  Έ  Μ  Α  Ψ  Π  Δ  Ά  Τ  Α  Ύ  Ι  Ι  Ο
Υ  Η  Μ  Ν  Π  Β  Έ  Λ  Π  Δ  Γ  Δ  Τ
Γ  Ψ  Έ  Τ  Ο  Ο  Ψ  Υ  Έ  Ο  Π  Ρ  Ι  Ο
Ν  Σ  Δ  Α  Ί  Λ  Ι  Σ  Μ  Γ  Π  Α  Ά  Χ
Ώ  Ο  Τ  Σ  Η  Ρ  Ε  Η  Ο  Ί  Β  Φ  Λ  Β
Μ  Ν  Μ  Ί  Μ  Τ  Ε  Ο  Τ  Α  Ε  Ή  Ο  Ξ
Η  Ο  Χ  Α  Α  Δ  Χ  Μ  Σ  Ι  Μ  Ε  Γ  Ο
Σ  Υ  Γ  Γ  Ρ  Α  Φ  Έ  Α  Σ  Κ  Ψ  Ο  Μ
Λ  Α  Μ  Ε  Τ  Α  Φ  Ο  Ρ  Ά  Υ  Ή  Σ  Δ
```

ΑΝΑΛΟΓΊΑ	ΜΕΤΑΦΟΡΆ
ΑΝΆΛΥΣΗ	ΠΕΡΙΓΡΑΦΉ
ΑΝΈΚΔΟΤΟ	ΠΟΙΗΤΙΚΉ
ΣΥΓΓΡΑΦΈΑΣ	ΡΥΘΜΟΎ
ΣΥΜΠΈΡΑΣΜΑ	ΜΥΘΙΣΤΌΡΗΜΑ
ΔΙΆΛΟΓΟΣ	ΣΤΥΛ
ΦΑΝΤΑΣΊΑ	ΘΈΜΑ
ΠΟΊΗΜΑ	ΤΡΑΓΩΔΊΑ
ΓΝΏΜΗ	ΣΎΓΚΡΙΣΗ

62 - Technologie

```
Μ  Λ  Ο  Γ  Ι  Σ  Μ  Ι  Κ  Ό  Σ  Ι  Ω  Π
Έ  Ι  Σ  Τ  Ο  Λ  Ό  Γ  Ι  Ο  Τ  Ό  Ξ  Ε
Δ  Ρ  Ο  Μ  Ε  Α  Σ  Β  Ί  Σ  Α  Σ  Ν  Ρ
Α  Β  Ε  Χ  Υ  Ν  Ο  Μ  Ψ  Ί  Τ  Π  Μ  Ι
Γ  Ω  Ί  Υ  Γ  Α  Έ  Ψ  Η  Φ  Ι  Α  Κ  Ή
Ε  Ψ  Μ  Ή  Ν  Υ  Μ  Α  Φ  Ε  Σ  Μ  Γ  Γ
Χ  Ί  Ε  Ι  Ο  Α  Σ  Σ  Ι  Ε  Τ  Α  Δ  Η
Δ  Ι  Α  Δ  Ί  Κ  Τ  Υ  Ο  Τ  Ι  Ξ  Ε  Σ
Ε  Ι  Κ  Ο  Ν  Ι  Κ  Ή  Λ  Η  Κ  Β  Δ  Η
Ο  Η  Μ  Γ  Ω  Μ  Ν  Ε  Έ  Ο  Ή  Ω  Ο  Σ
Β  Ψ  Β  Μ  Β  Τ  Α  Π  Ξ  Έ  Θ  Σ  Μ  Έ
Ω  Ν  Λ  Α  Σ  Φ  Ά  Λ  Ε  Ι  Α  Ό  Έ  Σ
Γ  Υ  Υ  Π  Ο  Λ  Ο  Γ  Ι  Σ  Τ  Ή  Ν  Ν
Α  Ρ  Χ  Ε  Ί  Ο  Σ  Σ  Η  Σ  Ε  Α  Η
```

ΜΉΝΥΜΑ	ΔΙΑΔΊΚΤΥΟ
ΑΡΧΕΊΟ	ΈΡΕΥΝΑ
ΙΣΤΟΛΌΓΙΟ	ΟΘΌΝΗ
ΠΕΡΙΉΓΗΣΗΣ	ΛΟΓΙΣΜΙΚΌ
ΨΗΦΙΟΛΈΞΕΙΣ	ΣΤΑΤΙΣΤΙΚΉ
ΥΠΟΛΟΓΙΣΤΉ	ΑΣΦΆΛΕΙΑ
ΔΡΟΜΕΑΣ	ΕΙΚΟΝΙΚΉ
ΨΗΦΙΑΚΉ	ΪΌΣ
ΔΕΔΟΜΈΝΑ	

63 - Boeken

```
Π  Λ  Α  Ί  Σ  Ι  Ο  Ε  Γ  Ψ  Ε  Ε  Τ  Λ
Ξ  Ο  Ε  Π  Ι  Κ  Ή  Ν  Ι  Ο  Ξ  Μ  Ρ  Ο
Α  Π  Ί  Ε  Φ  Ε  Υ  Ρ  Ε  Τ  Ι  Κ  Ή  Γ
Ν  Ε  Π  Η  Η  Β  Υ  Ι  Α  Σ  Ξ  Ω  Α  Ο
Α  Ρ  Ο  Ι  Σ  Υ  Λ  Λ  Ο  Γ  Ή  Ε  Έ  Τ
Γ  Ι  Ί  Σ  Υ  Η  Σ  Χ  Ε  Τ  Ι  Κ  Ή  Ε
Ν  Π  Η  Τ  Γ  Γ  Ε  Ι  Λ  Ρ  Σ  Α  Ε  Χ
Ώ  Έ  Μ  Ο  Γ  Ω  Λ  Π  Ο  Α  Τ  Φ  Ί  Ν
Σ  Τ  Α  Ρ  Ρ  Π  Ί  Ψ  Ι  Γ  Ο  Η  Ί  Ι
Τ  Ε  Λ  Ι  Α  Έ  Δ  Τ  Ξ  Ι  Ρ  Γ  Π  Κ
Η  Ι  Ί  Κ  Φ  Ι  Α  Π  Γ  Κ  Ί  Η  Ι  Ή
Σ  Α  Λ  Ό  Έ  Α  Ρ  Η  Μ  Ή  Α  Τ  Η  Ω
Χ  Δ  Π  Ξ  Α  Γ  Ρ  Α  Π  Τ  Ή  Ή  Ξ  Δ
Μ  Υ  Θ  Ι  Σ  Τ  Ό  Ρ  Η  Μ  Α  Σ  Τ  Μ
```

ΣΥΓΓΡΑΦΈΑΣ	ΕΦΕΥΡΕΤΙΚΉ
ΠΕΡΙΠΈΤΕΙΑ	ΑΝΑΓΝΏΣΤΗΣ
ΣΕΛΊΔΑ	ΛΟΓΟΤΕΧΝΙΚΉ
ΣΥΛΛΟΓΉ	ΠΟΊΗΣΗ
ΠΛΑΊΣΙΟ	ΣΧΕΤΙΚΉ
ΕΠΙΚΉ	ΜΥΘΙΣΤΌΡΗΜΑ
ΠΟΊΗΜΑ	ΤΡΑΓΙΚΉ
ΓΡΑΠΤΉ	ΙΣΤΟΡΊΑ
ΙΣΤΟΡΙΚΌ	ΑΦΗΓΗΤΉΣ

64 - Meer Informatie

```
Τ  Ε  Χ  Ν  Ο  Λ  Ο  Γ  Ί  Α  Α  Η  Ψ  Ρ
Φ  Ω  Τ  Ι  Ά  Α  Λ  Π  Υ  Α  Τ  Α  Ε  Ε
Σ  Α  Λ  Σ  Κ  Λ  Υ  Χ  Ι  Υ  Ο  Ο  Υ  Α
Β  Μ  Ν  Ρ  Ι  Υ  Ί  Η  Υ  Μ  Π  Δ  Λ
Δ  Υ  Σ  Τ  Ο  Π  Ί  Α  Δ  Ρ  Ι  Λ  Α  Ι
Β  Σ  Κ  Μ  Α  Ν  Τ  Ε  Ί  Ο  Κ  Α  Ί  Σ
Ι  Τ  Ό  Ί  Π  Σ  Χ  Ί  Β  Μ  Ό  Ν  Σ  Τ
Β  Η  Σ  Σ  Ψ  Ε  Τ  Ε  Λ  Π  Ο  Ή  Θ  Ι
Λ  Ρ  Μ  Ο  Ξ  Ν  Έ  Ι  Β  Ό  Χ  Τ  Η  Κ
Ι  Ι  Ο  Ι  Ρ  Ά  Σ  Κ  Κ  Τ  Ε  Η  Σ  Ή
Α  Ώ  Υ  Ι  Ι  Ρ  Β  Ί  Ρ  Ό  Δ  Σ  Η  Β
Ω  Δ  Ε  Π  Π  Ι  Ν  Δ  Χ  Η  Μ  Ι  Κ  Ή
Ω  Η  Ο  Υ  Τ  Ο  Π  Ί  Α  Μ  Ξ  Λ  Χ  Ν
Ν  Σ  Γ  Α  Λ  Α  Ξ  Ί  Α  Σ  Π  Η  Ο  Ί
```

ΑΤΟΜΙΚΌ
ΒΙΒΛΙΑ
ΦΩΤΙΆ
ΧΗΜΙΚΉ
ΦΑΝΤΑΣΤΙΚΌ
ΔΥΣΤΟΠΊΑ
ΈΚΡΗΞΗ
ΆΚΡΟ
ΨΕΥΔΑΊΣΘΗΣΗ
ΜΥΣΤΗΡΙΏΔΗΣ

ΜΑΝΤΕΊΟ
ΠΛΑΝΉΤΗΣ
ΡΕΑΛΙΣΤΙΚΉ
ΡΟΜΠΌΤ
ΣΕΝΆΡΙΟ
ΓΑΛΑΞΊΑΣ
ΤΕΧΝΟΛΟΓΊΑ
ΟΥΤΟΠΊΑ
ΚΌΣΜΟ

65 - Regenwoud

```
Α  Π  Ο  Κ  Α  Τ  Ά  Σ  Τ  Α  Σ  Η  Ψ  Β
Ζ  Ο  Ύ  Γ  Κ  Λ  Α  Γ  Ε  Ο  Ι  Ρ  Ο  Η
Ω  Ο  Δ  Έ  Η  Υ  Ε  Π  Ι  Β  Ί  Ω  Σ  Η
Ξ  Δ  Π  Μ  Γ  Τ  Π  Ο  Ι  Κ  Ι  Λ  Ί  Α
Ν  Ω  Έ  Η  Ε  Μ  Κ  Λ  Ί  Μ  Α  Σ  Π  Λ
Σ  Ύ  Ν  Ν  Ε  Φ  Α  Ύ  Δ  Α  Λ  Σ  Χ  Β
Έ  Π  Τ  Φ  Τ  Β  Ο  Τ  Α  Ν  Ι  Κ  Ή  Α
Β  Ο  Ο  Ε  Ύ  Κ  Ο  Ι  Ν  Ό  Τ  Η  Τ  Α
Ο  Υ  Μ  Ρ  Ι  Σ  Τ  Μ  Ρ  Λ  Ι  Μ  Τ  Έ
Μ  Λ  Α  Ε  Χ  Β  Η  Α  Μ  Φ  Ί  Β  Ι  Α
Α  Ι  Σ  Β  Δ  Ι  Α  Τ  Ή  Ρ  Η  Σ  Η  Ω
Ι  Ά  Τ  Ρ  Θ  Η  Λ  Α  Σ  Τ  Ι  Κ  Ά  Υ
Μ  Μ  Ο  Ύ  Η  Ε  Ί  Δ  Ο  Σ  Δ  Ι  Α  Ί
Ψ  Τ  Κ  Α  Τ  Α  Φ  Ύ  Γ  Ι  Ο  Λ  Ί  Λ
```

ΑΜΦΊΒΙΑ	ΕΠΙΒΊΩΣΗ
ΔΙΑΤΉΡΗΣΗ	ΣΈΒΟΜΑΙ
ΒΟΤΑΝΙΚΉ	ΑΠΟΚΑΤΆΣΤΑΣΗ
ΠΟΙΚΙΛΊΑ	ΕΊΔΟΣ
ΚΟΙΝΌΤΗΤΑ	ΚΑΤΑΦΎΓΙΟ
ΈΝΤΟΜΑ	ΠΟΥΛΙΆ
ΖΟΎΓΚΛΑ	ΠΟΛΎΤΙΜΑ
ΚΛΊΜΑ	ΣΎΝΝΕΦΑ
ΒΡΎΑ	ΘΗΛΑΣΤΙΚΆ
ΦΎΣΗ	

66 - Haartypes

Α	Τ	Λ	Ω	Μ	Μ	Π	Ο	Ύ	Κ	Λ	Ε	Σ	Ξ
Π	Ι	Ί	Δ	Μ	Λ	Ο	Λ	Ε	Υ	Κ	Ό	Γ	Α
Φ	Α	Λ	Α	Κ	Ρ	Ό	Σ	Ε	Β	Σ	Η	Ο	Ν
Π	Λ	Ε	Ξ	Ο	Ύ	Δ	Ε	Σ	Γ	Π	Ν	Υ	Θ
Υ	Ω	Α	Σ	Η	Μ	Έ	Ν	Ι	Ο	Μ	Ο	Ρ	Ά
Γ	Κ	Α	Φ	Έ	Έ	Β	Λ	Ξ	Τ	Ο	Έ	Ά	Μ
Ι	Η	Ο	Ξ	Ο	Μ	Ω	Α	Ξ	Η	Σ	Σ	Ν	Κ
Ή	Τ	Ρ	Δ	Έ	Τ	Χ	Μ	Μ	Λ	Ρ	Υ	Η	Ο
Ρ	Α	Α	Ρ	Ί	Μ	Ν	Π	Α	Τ	Ε	Ό	Ψ	Ν
Ο	Μ	Α	Λ	Ή	Α	Α	Ε	Λ	Π	Β	Π	Ί	Τ
Υ	Γ	Ξ	Β	Β	Ύ	Ψ	Ρ	Α	Ί	Ν	Α	Τ	Ό
Ί	Μ	Δ	Ν	Ψ	Ρ	Γ	Ά	Κ	Π	Ρ	Χ	Τ	Ή
Γ	Κ	Ρ	Ι	Ε	Ο	Τ	Μ	Ό	Υ	Ο	Ύ	Γ	Ρ
Μ	Α	Κ	Ρ	Ύ	Ε	Η	Ε	Σ	Ί	Λ	Η	Β	Μ

ΞΑΝΘΆ
ΚΑΦΈ
ΠΑΧΎ
ΞΗΡΌ
ΛΕΠΤΉ
ΠΛΕΓΜΈΝΟ
ΥΓΙΉ
ΟΜΑΛΉ
ΛΑΜΠΕΡΆ
ΓΚΡΙ

ΦΑΛΑΚΡΌΣ
ΚΟΝΤΌ
ΜΠΟΎΚΛΕΣ
ΣΓΟΥΡΆ
ΜΑΚΡΎ
ΠΛΕΞΟΎΔΕΣ
ΛΕΥΚΌ
ΜΑΛΑΚΌ
ΑΣΗΜΈΝΙΟ
ΜΑΎΡΟ

67 - Stad

```
Π  Η  Σ  Υ  Τ  Ρ  Α  Ψ  Τ  Ω  Α  Ξ  Ν  Σ
Α  Ζ  Ω  Ο  Λ  Ο  Γ  Ι  Κ  Ό  Ν  Ε  Β  Τ
Ν  Ξ  Σ  Υ  Λ  Λ  Ο  Γ  Ή  Κ  Θ  Ν  Ί  Ά
Ε  Φ  Χ  Α  Τ  Ε  Ρ  Σ  Ί  Λ  Ο  Ο  Τ  Δ
Π  Β  Α  Ε  Γ  Σ  Ά  Χ  Η  Ι  Π  Δ  Ρ  Ι
Ι  Ι  Ρ  Ρ  Τ  Τ  Ψ  Α  Μ  Ν  Ω  Ο  Ά  Ο
Σ  Β  Τ  Ο  Μ  Ι  Υ  Γ  Α  Ι  Λ  Χ  Π  Ξ
Τ  Λ  Ο  Δ  Ά  Α  Ν  Σ  Α  Κ  Ε  Ε  Ε  Ρ
Ή  Ι  Π  Ρ  Ρ  Τ  Κ  Ι  Τ  Ή  Ί  Ί  Ζ  Ε
Μ  Ο  Ο  Ό  Κ  Ό  Ν  Ε  Ρ  Π  Ο  Ο  Α  Έ
Ι  Θ  Ι  Μ  Ε  Ρ  Έ  Μ  Ί  Λ  Ρ  Ε  Ξ  Ί
Ο  Ή  Ε  Ι  Τ  Ι  Ε  Σ  Χ  Ο  Λ  Ε  Ί  Ο
Υ  Κ  Ί  Ο  Μ  Ο  Υ  Σ  Ε  Ί  Ο  Ο  Σ  Α
Η  Η  Ο  Θ  Έ  Α  Τ  Ρ  Ο  Ε  Ν  Ι  Υ  Σ
```

ΦΑΡΜΑΚΕΊΟ	ΑΕΡΟΔΡΌΜΙΟ
ΑΡΤΟΠΟΙΕΊΟ	ΑΓΟΡΆ
ΤΡΆΠΕΖΑ	ΜΟΥΣΕΊΟ
ΒΙΒΛΙΟΘΉΚΗ	ΕΣΤΙΑΤΌΡΙΟ
ΑΝΘΟΠΩΛΕΊΟ	ΣΧΟΛΕΊΟ
ΖΩΟΛΟΓΙΚΌ	ΣΤΆΔΙΟ
ΣΥΛΛΟΓΉ	ΜΆΡΚΕΤ
ΞΕΝΟΔΟΧΕΊΟ	ΘΈΑΤΡΟ
ΚΛΙΝΙΚΉ	ΠΑΝΕΠΙΣΤΉΜΙΟ

68 - Natuur

Μ	Φ	Σ	Ε	Π	Α	Γ	Ε	Τ	Ώ	Ν	Α	Σ	Α
Έ	Ύ	Ύ	Τ	Ζ	Ώ	Α	Ι	Β	Γ	Ξ	Ι	Ν	Ρ
Λ	Λ	Ν	Ρ	Ψ	Ί	Λ	Σ	Ξ	Α	Υ	Τ	Μ	Κ
Ι	Λ	Ν	Ο	Ν	Λ	Ή	Ι	Ε	Ρ	Ό	Δ	Ρ	Τ
Σ	Ω	Ε	Π	Δ	Υ	Ν	Α	Μ	Ι	Κ	Ή	Ο	Ι
Σ	Μ	Φ	Ι	Α	Κ	Ι	Β	Ο	Υ	Ν	Ά	Μ	Κ
Ε	Α	Α	Κ	Σ	Α	Ο	Ξ	Ν	Λ	Α	Ε	Ί	Ή
Σ	Γ	Ρ	Ή	Ο	Τ	Ζ	Ω	Τ	Ι	Κ	Ή	Χ	Α
Ε	Γ	Π	Β	Σ	Α	Δ	Ψ	Τ	Ι	Π	Ο	Λ	Ο
Ρ	Ω	Ο	Λ	Γ	Φ	Α	Χ	Π	Δ	Ξ	Ω	Η	Α
Ή	Ο	Α	Ρ	Υ	Ύ	Π	Ο	Τ	Α	Μ	Ό	Σ	Σ
Μ	Ε	Χ	Χ	Σ	Γ	Δ	Ι	Ά	Β	Ρ	Ω	Σ	Η
Ο	Μ	Ο	Ρ	Φ	Ι	Ά	Γ	Ρ	Ι	Ο	Ρ	Ω	Έ
Υ	Σ	Ξ	Π	Α	Ο	Σ	Σ	Λ	Ε	Έ	Ψ	Υ	Λ

ΑΡΚΤΙΚΉ	ΟΜΊΧΛΗ
ΒΟΥΝΆ	ΠΟΤΑΜΌΣ
ΜΈΛΙΣΣΕΣ	ΟΜΟΡΦΙΆ
ΔΑΣΟΣ	ΚΑΤΑΦΎΓΙΟ
ΖΏΑ	ΓΑΛΉΝΙΟ
ΔΥΝΑΜΙΚΉ	ΤΡΟΠΙΚΉ
ΔΙΆΒΡΩΣΗ	ΖΩΤΙΚΉ
ΦΎΛΛΩΜΑ	ΆΓΡΙΟ
ΠΑΓΕΤΏΝΑΣ	ΕΡΉΜΟΥ
ΙΕΡΌ	ΣΎΝΝΕΦΑ

69 - Dinosaurussen

```
Α  Π  Ο  Λ  Ι  Θ  Ώ  Μ  Α  Τ  Α  Ε  Σ  Σ
Ρ  Π  Τ  Δ  Γ  Λ  Η  Ρ  Τ  Υ  Ε  Ξ  Α  Α
Π  Σ  Σ  Φ  Υ  Τ  Ο  Φ  Ά  Γ  Α  Έ  Τ  Ρ
Α  Β  Ω  Ι  Ψ  Τ  Ε  Ί  Δ  Ο  Σ  Λ  Π  Κ
Κ  Τ  Ε  Υ  Σ  Β  Β  Ρ  Έ  Γ  Η  Ι  Ρ  Ο
Τ  Γ  Ψ  Σ  Β  Ο  Ν  Ι  Ά  Α  Ο  Ξ  Ο  Φ
Ι  Σ  Χ  Υ  Ρ  Ό  Υ  Ε  Η  Σ  Ί  Η  Ϊ  Ά
Κ  Π  Ί  Ν  Υ  Φ  Υ  Ρ  Ξ  Χ  Τ  Λ  Σ  Γ
Ό  Έ  Α  Ο  Ρ  Τ  Έ  Α  Ά  Α  Ρ  Ι  Τ  Ο
Η  Ξ  Ν  Μ  Ο  Ε  Ρ  Π  Ε  Τ  Ό  Β  Ο  Δ
Ν  Ξ  Ρ  Ψ  Φ  Ρ  Θ  Ή  Ρ  Α  Μ  Α  Ρ  Ι
Ρ  Ε  Ξ  Α  Φ  Ά  Ν  Ι  Σ  Η  Τ  Α  Ι  Υ
Ρ  Ε  Ί  Μ  Μ  Έ  Γ  Ε  Θ  Ο  Σ  Η  Κ  Ο
Μ  Μ  Α  Μ  Ο  Ύ  Θ  Α  Π  Π  Ο  Σ  Ή  Η
```

ΓΗ	ΠΑΜΦΆΓΑ
ΣΑΡΚΟΦΆΓΟ	ΠΡΟΪΣΤΟΡΙΚΉ
ΤΕΡΆΣΤΙΟ	ΘΉΡΑΜΑ
ΕΞΈΛΙΞΗ	ΕΡΠΕΤΌ
ΑΠΟΛΙΘΏΜΑΤΑ	ΑΡΠΑΚΤΙΚΌ
ΜΈΓΕΘΟΣ	ΕΊΔΟΣ
ΦΥΤΟΦΆΓΑ	ΟΥΡΆ
ΙΣΧΥΡΌ	ΕΞΑΦΆΝΙΣΗ
ΜΑΜΟΎΘ	ΦΤΕΡΆ

70 - Zoogdieren

```
Ξ  Ι  Ξ  Χ  Η  Κ  Ο  Υ  Ν  Έ  Λ  Ι  Κ  Η
Δ  Ω  Ο  Ν  Ν  Φ  Ά  Λ  Α  Ι  Ν  Α  Ο  Δ
Τ  Α  Ύ  Ρ  Ο  Σ  Σ  Σ  Ω  Σ  Ω  Λ  Γ  Η
Ε  Ρ  Τ  Ψ  Γ  Δ  Δ  Η  Τ  Υ  Υ  Υ  Ι  Δ
Π  Α  Λ  Έ  Έ  Ά  Λ  Ο  Γ  Ο  Ο  Ι  Ό  Ε
Ε  Λ  Έ  Φ  Α  Ν  Τ  Α  Σ  Ν  Ρ  Ι  Τ  Λ
Λ  Ε  Γ  Γ  Ί  Δ  Α  Α  Γ  Ο  Δ  Α  Ε  Φ
Ύ  Π  Υ  Α  Κ  Α  Γ  Κ  Ο  Υ  Ρ  Ό  Σ  Ί
Κ  Ο  Ψ  Λ  Ϊ  Μ  Α  Ϊ  Μ  Ο  Ύ  Ο  Λ  Ν
Ο  Ύ  Η  Χ  Ε  Δ  Σ  Κ  Ύ  Λ  Ο  Σ  Υ  Ι
Σ  Ι  Ρ  Λ  Ε  Ε  Ο  Ρ  Κ  Α  Μ  Ή  Λ  Α
Γ  Ο  Ρ  Ί  Λ  Α  Σ  Ύ  Σ  Ι  Λ  Ν  Γ  Γ
Λ  Ι  Ο  Ν  Τ  Ά  Ρ  Ι  Ρ  Η  Β  Ί  Β  Β
Π  Έ  Ε  Λ  Ε  Η  Τ  Ω  Η  Ι  Ν  Έ  Π  Σ
```

ΜΑΪΜΟΎ	ΓΆΤΑ
ΚΆΣΤΟΡΑΣ	ΚΟΥΝΈΛΙ
ΚΟΓΪΌΤ	ΛΙΟΝΤΆΡΙ
ΔΕΛΦΊΝΙ	ΕΛΈΦΑΝΤΑΣ
ΓΑΪΔΟΎΡΙ	ΆΛΟΓΟ
ΓΊΔΑ	ΤΑΎΡΟΣ
ΓΟΡΊΛΑΣ	ΑΛΕΠΟΎ
ΣΚΎΛΟΣ	ΦΆΛΑΙΝΑ
ΚΑΜΉΛΑ	ΛΎΚΟΣ
ΚΑΓΚΟΥΡΌ	

71 - Kampioenschap

```
Π  Α  Ι  Χ  Ν  Ί  Δ  Ι  Α  Τ  Δ  Ο  Β  Ω
Ρ  Ρ  Δ  Έ  Ι  Ψ  Υ  Υ  Π  Ο  Μ  Ά  Δ  Α
Έ  Ν  Ω  Σ  Η  Δ  Α  Α  Ό  Υ  Χ  Σ  Ι  Π
Π  Β  Ο  Τ  Χ  Π  Ψ  Μ  Δ  Ρ  Π  Τ  Κ  Ρ
Μ  Ρ  Μ  Δ  Α  Ρ  Τ  Υ  Ο  Ν  Φ  Ρ  Α  Ο
Ξ  Ε  Ω  Ι  Ρ  Θ  Ί  Ε  Σ  Ο  Ι  Α  Σ  Π
Ί  Φ  Τ  Τ  Β  Α  Λ  Μ  Η  Υ  Ν  Τ  Τ  Ο
Σ  Ί  Υ  Ά  Ά  Έ  Ο  Η  Τ  Ά  Α  Η  Ή  Ν
Ω  Δ  Σ  Ω  Λ  Θ  Β  Α  Τ  Ί  Λ  Γ  Σ  Η
Χ  Ρ  Ο  Ω  Ω  Λ  Λ  Χ  Ε  Ή  Ί  Ι  Ρ  Τ
Α  Ω  Ο  Ι  Ε  Ξ  Ι  Η  Έ  Η  Σ  Κ  Λ  Ή
Ω  Σ  Ν  Ί  Κ  Η  Ί  Ο  Μ  Ρ  Τ  Ή  Η  Σ
Ι  Η  Κ  Ί  Ν  Η  Τ  Ρ  Ο  Α  Β  Δ  Μ  Ν
Υ  Υ  Υ  Α  Θ  Λ  Η  Τ  Ι  Κ  Ή  Β  Μ  Η
```

ΦΙΝΑΛΊΣΤ   ΔΙΚΑΣΤΉΣ
ΠΑΙΧΝΊΔΙΑ   ΑΘΛΗΤΙΚΉ
ΠΡΩΤΑΘΛΗΤΉΣ   ΣΤΡΑΤΗΓΙΚΉ
ΠΡΩΤΆΘΛΗΜΑ   ΟΜΆΔΑ
ΈΝΩΣΗ   ΤΟΥΡΝΟΥΆ
ΜΕΤΆΛΛΙΟ   ΠΡΟΠΟΝΗΤΉΣ
ΚΊΝΗΤΡΟ   ΕΦΊΔΡΩΣΗ
ΑΠΌΔΟΣΗ   ΝΊΚΗ

72 - Voertuigen

Β	Ά	Ρ	Κ	Α	Π	Ρ	Ω	Τ	Ν	Δ	Ξ	Λ	Ε
Ε	Λ	Έ	Μ	Η	Υ	Ξ	Η	Α	Τ	Ρ	Έ	Ν	Ο
Λ	Ο	Ω	Ψ	Υ	Α	Τ	Έ	Ξ	Β	Τ	Η	Τ	Χ
Ι	Ψ	Λ	Η	Π	Γ	Π	Ο	Ί	Ν	Ι	Ν	Μ	Ί
Κ	Ρ	Έ	Α	Ο	Ο	Ξ	Σ	Κ	Ο	Ύ	Τ	Ε	Ρ
Ό	Σ	Ί	Μ	Β	Σ	Δ	Ί	Γ	Ί	Μ	Τ	Τ	Λ
Π	Χ	Ν	Ψ	Ρ	Π	Ρ	Ή	Ι	Μ	Ν	Η	Ρ	Ε
Τ	Ε	Έ	Ύ	Ε	Γ	Ο	Λ	Υ	Α	Η	Ό	Ω	
Ε	Δ	Μ	Η	Χ	Α	Ν	Ή	Υ	Α	Έ	Μ	Τ	Φ
Ρ	Ί	Χ	Σ	Ι	Ί	Π	Σ	Ν	Κ	Τ	Β	Ξ	Ο
Ο	Α	Ε	Ρ	Ο	Π	Λ	Ά	Ν	Ο	Έ	Ο	Β	Ρ
Λ	Ά	Σ	Τ	Ι	Χ	Α	Έ	Ν	Γ	Δ	Τ	Δ	Ε
Τ	Ρ	Α	Κ	Τ	Έ	Ρ	Υ	Χ	Λ	Ί	Ξ	Α	Ί
Α	Σ	Θ	Ε	Ν	Ο	Φ	Ό	Ρ	Ο	Ω	Τ	Δ	Ο

ΑΣΘΕΝΟΦΌΡΟ   ΥΠΟΒΡΎΧΙΟ
ΑΥΤΟΚΊΝΗΤΟ   ΡΟΥΚΈΤΑ
ΛΆΣΤΙΧΑ   ΣΚΟΎΤΕΡ
ΒΆΡΚΑ   ΤΑΞΊ
ΛΕΩΦΟΡΕΊΟ   ΤΡΑΚΤΈΡ
ΠΟΔΉΛΑΤΟ   ΤΡΈΝΟ
ΕΛΙΚΌΠΤΕΡΟ   ΑΕΡΟΠΛΆΝΟ
ΜΕΤΡΌ   ΣΧΕΔΊΑ
ΜΗΧΑΝΉ

73 - Geografie

```
Ε  Ν  Σ  Α  Γ  Υ  Π  Ο  Τ  Α  Μ  Ό  Σ  Ί
Η  Ό  Ξ  Ε  Ε  Ψ  Ψ  Κ  Ό  Σ  Μ  Ο  Μ  Δ
Π  Τ  Ο  Ψ  Ω  Ν  Γ  Ό  Γ  Ν  Π  Δ  Ί  Ψ
Β  Ι  Ι  Α  Γ  Ά  Ρ  Ή  Μ  Δ  Χ  Ι  Α  Γ
Π  Α  Χ  Ά  Ρ  Τ  Η  Π  Ε  Ε  Ω  Α  Α  Ι
Π  Ό  Μ  Α  Α  Λ  Ψ  Ε  Σ  Ω  Τ  Ί  Χ  Σ
Σ  Ο  Λ  Ι  Φ  Α  Β  Ι  Η  Θ  Ε  Ρ  Β  Η
Δ  Ύ  Σ  Η  Ι  Ν  Ο  Ρ  Μ  Ά  Β  Λ  Ο  Μ
Α  Ξ  Π  Ε  Κ  Τ  Η  Ο  Β  Λ  Ο  Λ  Ρ  Ε
Η  Ο  Ω  Λ  Ό  Α  Δ  Σ  Ρ  Α  Υ  Χ  Ρ  Ρ
Π  Ε  Ρ  Ι  Ο  Χ  Ή  Τ  Ι  Σ  Ν  Ι  Ά  Ι
Τ  Χ  Έ  Ρ  Η  Γ  Ώ  Μ  Ν  Σ  Ό  Α  Μ  Ν
Ν  Η  Σ  Ί  Ψ  Γ  Χ  Ρ  Ό  Α  Μ  Ε  Σ  Ό
Ι  Ί  Β  Ν  Α  Ω  Κ  Ε  Α  Ν  Ό  Σ  Ε  Σ
```

ΆΤΛΑΝΤΑ	ΒΟΡΡΆ
ΒΟΥΝΌ	ΩΚΕΑΝΌΣ
ΉΠΕΙΡΟΣ	ΠΕΡΙΟΧΉ
ΝΗΣΊ	ΠΟΤΑΜΌΣ
ΙΣΗΜΕΡΙΝΌΣ	ΠΌΛΗ
ΥΨΌΜΕΤΡΟ	ΚΌΣΜΟ
ΧΆΡΤΗ	ΔΎΣΗ
ΧΏΡΑ	ΘΆΛΑΣΣΑ
ΓΕΩΓΡΑΦΙΚΌ	ΝΌΤΙΑ
ΜΕΣΗΜΒΡΙΝΌ	

74 - Kunstbenodigdheden

```
Π  Χ  Ψ  Ψ  Ί  Γ  Σ  Ο  Ί  Ο  Ξ  Γ  Ν  Ι
Π  Α  Ε  Ί  Ί  Ό  Ι  Έ  Ρ  Α  Ω  Ξ  Ψ  Κ
Ί  Ρ  Σ  Ν  Ε  Μ  Π  Ρ  Έ  Λ  Ά  Δ  Ι  Ό
Π  Τ  Π  Τ  Ρ  Α  Π  Έ  Ζ  Ι  Ι  Κ  Μ  Λ
Α  Ί  Λ  Λ  Έ  Έ  Ι  Χ  Ρ  Γ  Β  Α  Ο  Λ
Α  Κ  Γ  Ο  Λ  Λ  Ν  Ρ  Υ  Π  Κ  Β  Λ  Α
Κ  Δ  Ο  Π  Β  Ν  Έ  Η  Τ  Α  Α  Ύ  Δ
Ρ  Ά  Χ  Υ  Η  Ξ  Λ  Ί  Ω  Δ  Ρ  Λ  Β  Ι
Υ  Ι  Ρ  Ο  Α  Η  Ο  Ο  Ψ  Β  Έ  Έ  Ι  Δ
Λ  Α  Ώ  Β  Α  Ρ  Ν  Ε  Χ  Ρ  Κ  Τ  Α  Έ
Ι  Χ  Μ  Έ  Ο  Η  Έ  Β  Γ  Ρ  Λ  Ο  Λ  Α
Κ  Ω  Α  Μ  Π  Υ  Σ  Λ  Υ  Χ  Α  Β  Σ  Ι
Ό  Ι  Τ  Χ  Ω  Σ  Ν  Μ  Ε  Λ  Ά  Ν  Ι  Χ
Δ  Σ  Α  Ω  Τ  Ω  Α  Ο  Γ  Σ  Ν  Ε  Ρ  Ό
```

AKΡΥΛΙΚΌ   ΚΌΛΛΑ
ΑΚΟΥΑΡΈΛΕΣ   ΛΆΔΙ
ΠΙΝΈΛΟ   ΧΑΡΤΊ
ΚΑΒΑΛΈΤΟ   ΠΑΣΤΈΛ
ΓΌΜΑ   ΜΟΛΎΒΙΑ
ΚΆΡΒΟΥΝΟ   ΚΑΡΈΚΛΑ
ΙΔΈΑ   ΤΡΑΠΈΖΙ
ΜΕΛΆΝΙ   ΝΕΡΌ
ΧΡΏΜΑΤΑ

75 - Barbecues

```
Κ  Μ  Π  Κ  Ο  Τ  Ό  Π  Ο  Υ  Λ  Ο  Ί  Π
Ρ  Α  Ι  Μ  Ε  Ψ  Υ  Δ  Ι  Μ  Υ  Δ  Ε  Ι
Ε  Χ  Π  Δ  Α  Β  Ρ  Ί  Κ  Τ  Μ  Ε  Σ  Ρ
Μ  Α  Έ  Ω  Σ  Ί  Ν  Κ  Ο  Σ  Φ  Ί  Χ  Ο
Μ  Ί  Ρ  Ω  Τ  Ν  Ψ  Α  Γ  Π  Ρ  Π  Ά  Ύ
Ύ  Ρ  Ι  Ε  Ρ  Ί  Β  Λ  Έ  Ε  Ο  Ν  Ρ  Ν
Δ  Ι  Ζ  Ρ  Δ  Σ  Χ  Ο  Ν  Ί  Ύ  Ο  Α  Ι
Ι  Α  Ι  Ε  Ψ  Ά  Π  Κ  Ε  Ν  Τ  Μ  Σ  Α
Α  Η  Ρ  Δ  Σ  Λ  Ξ  Α  Ι  Α  Ο  Ο  Α  Α
Ν  Τ  Ο  Μ  Ά  Τ  Α  Ί  Α  Ο  Α  Υ  Λ  Λ
Ρ  Ο  Υ  Ν  Δ  Σ  Ό  Ρ  Ν  Ω  Η  Σ  Ά  Ά
Γ  Τ  Ί  Ξ  Σ  Α  Σ  Ι  Ψ  Α  Ρ  Ι  Τ  Τ
Λ  Α  Χ  Α  Ν  Ι  Κ  Ά  Δ  Ι  Ω  Κ  Α  Ι
Π  Ρ  Ό  Σ  Κ  Λ  Η  Σ  Η  Ο  Τ  Ή  Γ  Ω
```

ΔΕΊΠΝΟ
ΟΙΚΟΓΈΝΕΙΑ
ΦΡΟΎΤΟ
ΣΧΆΡΑ
ΛΑΧΑΝΙΚΆ
ΖΕΣΤΌ
ΠΕΊΝΑ
ΚΟΤΌΠΟΥΛΟ
ΓΕΎΜΑ
ΜΑΧΑΊΡΙΑ

ΜΟΥΣΙΚΉ
ΠΙΠΈΡΙ
ΣΑΛΆΤΑ
ΣΆΛΤΣΑ
ΝΤΟΜΆΤΑ
ΚΡΕΜΜΎΔΙΑ
ΠΡΌΣΚΛΗΣΗ
ΠΙΡΟΎΝΙΑ
ΚΑΛΟΚΑΊΡΙ
ΑΛΆΤΙ

76 - Wetenschappelijke Discip

Ρ	Ο	Μ	Π	Ο	Τ	Ι	Κ	Ή	Γ	Ρ	Ν	Κ	Χ
Θ	Π	Ι	Β	Ι	Ο	Χ	Η	Μ	Ε	Ί	Α	Ο	Η
Δ	Ε	Σ	Κ	Έ	Ι	Η	Ε	Ν	Ω	Ψ	Ε	Ι	Μ
Ι	Α	Ρ	Ι	Ο	Ω	Έ	Ρ	Ο	Λ	Υ	Λ	Ν	Ε
Α	Ν	Ί	Μ	Έ	Λ	Γ	Τ	Λ	Ο	Χ	Α	Ω	Ί
Τ	Α	Ε	Ι	Ο	Η	Ο	Λ	Λ	Γ	Ο	Σ	Ν	Α
Ρ	Τ	Χ	Υ	Δ	Ε	Γ	Α	Ί	Λ	Β	Ι	Μ	
Ο	Ο	Δ	Ψ	Ρ	Σ	Υ	Μ	Ί	Α	Ο	Ο	Ο	Η
Φ	Μ	Ξ	Ψ	Δ	Ο	Β	Ν	Ω	Α	Γ	Τ	Λ	Χ
Ή	Ί	Σ	Ι	Ξ	Τ	Λ	Ξ	Α	Ι	Ί	Α	Ο	Α
Ω	Α	Π	Ω	Η	Ί	Λ	Ο	Υ	Μ	Α	Ν	Γ	Ν
Β	Ι	Ο	Λ	Ο	Γ	Ί	Α	Γ	Ω	Ι	Ι	Ί	Ι
Α	Α	Σ	Τ	Ρ	Ο	Ν	Ο	Μ	Ί	Α	Κ	Α	Κ
Α	Ν	Ο	Σ	Ο	Λ	Ο	Γ	Ί	Α	Α	Ή	Ή	Ή

ΑΝΑΤΟΜΊΑ   ΜΗΧΑΝΙΚΉ
ΑΣΤΡΟΝΟΜΊΑ   ΝΕΥΡΟΛΟΓΙΑ
ΒΙΟΧΗΜΕΊΑ   ΒΟΤΑΝΙΚΉ
ΒΙΟΛΟΓΊΑ   ΨΥΧΟΛΟΓΙΑ
ΧΗΜΕΊΑ   ΡΟΜΠΟΤΙΚΉ
ΟΙΚΟΛΟΓΊΑ   ΚΟΙΝΩΝΙΟΛΟΓΊΑ
ΓΕΩΛΟΓΊΑ   ΘΕΡΜΟΔΥΝΑΜΙΚΉ
ΑΝΟΣΟΛΟΓΊΑ   ΔΙΑΤΡΟΦΉ

77 - Bijvoeglijke Naamwoorden

Α	Λ	Μ	Υ	Ρ	Ή	Ι	Λ	Δ	Δ	Π	Π	Κ	Δ
Ο	Τ	Ι	Ξ	Λ	Ξ	Ψ	Η	Ψ	Η	Ε	Ε	Ο	Ρ
Ω	Υ	Μ	Η	Ε	Σ	Μ	Ν	Ι	Μ	Ι	Ρ	Υ	Α
Υ	Π	Ε	Ύ	Θ	Υ	Ν	Ο	Σ	Ι	Ν	Ι	Ρ	Μ
Π	Ν	Α	Ψ	Ά	Α	Έ	Ν	Χ	Ο	Α	Γ	Α	Α
Ε	Η	Υ	Ρ	Κ	Γ	Γ	Έ	Υ	Υ	Σ	Ρ	Σ	Τ
Ρ	Λ	Θ	Ο	Α	Ξ	Ρ	Α	Ρ	Μ	Α	Μ	Ι
Ο	Ί	Ε	Α	Ν	Γ	Ν	Ι	Ή	Γ	Έ	Φ	Έ	Κ
Χ	Α	Ν	Ξ	Ο	Φ	Ω	Ε	Ο	Ι	Ν	Ι	Ν	Ή
Η	Ξ	Τ	Υ	Ν	Ρ	Υ	Γ	Ο	Κ	Ο	Κ	Ο	Ε
Ψ	Ξ	Ι	Ν	Ι	Ψ	Γ	Σ	Ι	Ή	Σ	Ό	Σ	Γ
Β	Μ	Κ	Ω	Κ	Σ	Ι	Γ	Ι	Κ	Α	Γ	Ν	Ό
Α	Η	Ό	Λ	Ή	Τ	Ή	Σ	Σ	Κ	Ή	Ο	Ε	Γ
Ε	Ν	Δ	Ι	Α	Φ	Έ	Ρ	Ο	Ν	Ή	Ψ	Λ	Ν

ΑΥΘΕΝΤΙΚΌ	ΚΑΝΟΝΙΚΉ
ΠΕΡΙΓΡΑΦΙΚΌ	ΠΑΡΑΓΩΓΙΚΉ
ΔΗΜΙΟΥΡΓΙΚΉ	ΥΠΝΗΛΊΑ
ΔΡΑΜΑΤΙΚΉ	ΙΣΧΥΡΉ
ΥΓΙΉ	ΥΠΕΡΟΧΗ
ΠΕΙΝΑΣΜΈΝΟΣ	ΥΠΕΎΘΥΝΟΣ
ΕΝΔΙΑΦΈΡΟΝ	ΆΓΡΙΟ
ΚΟΥΡΑΣΜΈΝΟΣ	ΑΛΜΥΡΉ
ΦΥΣΙΚΉ	ΑΓΝΌ
ΝΈΑ	

78 - Kleding

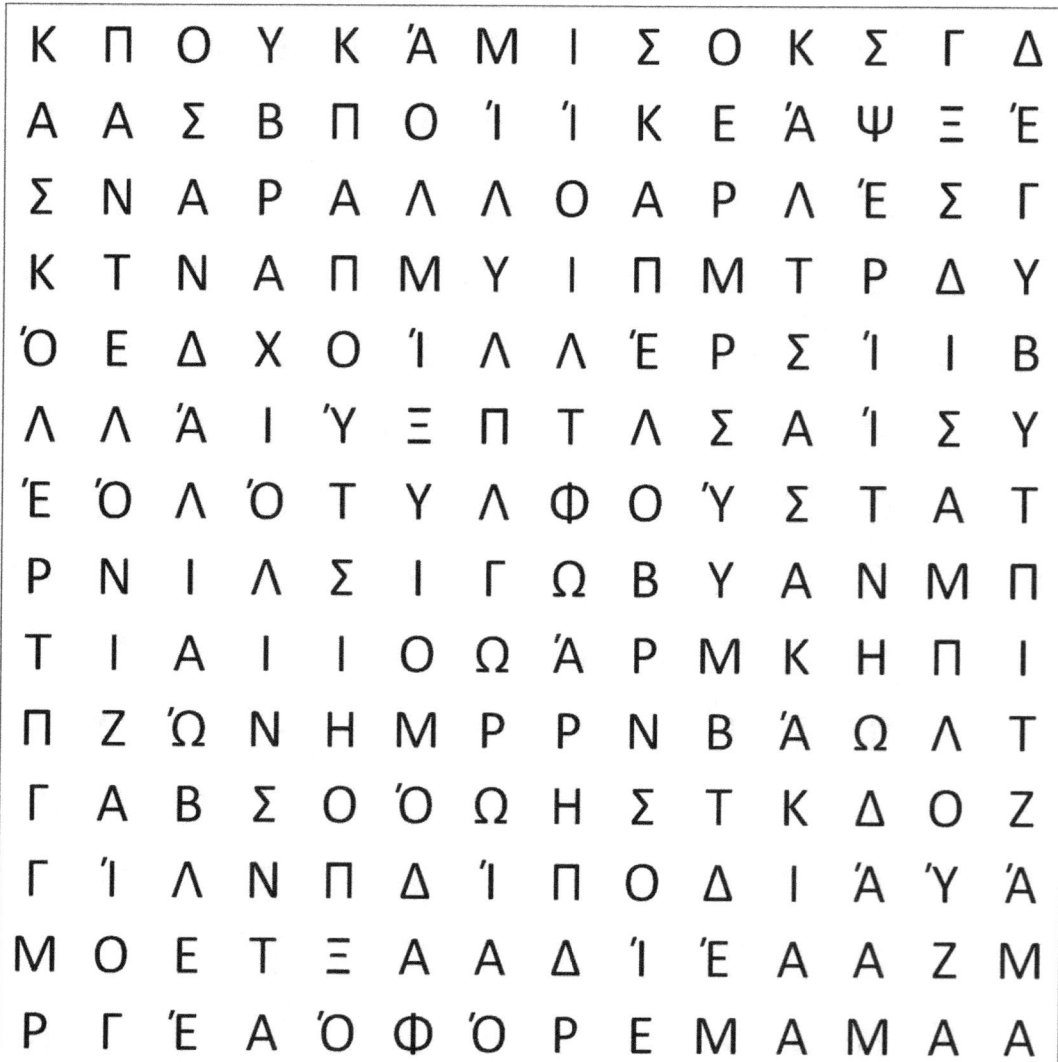

```
Κ Π Ο Υ Κ Ά Μ Ι Σ Ο Κ Σ Γ Δ
Α Α Σ Β Π Ο Ί Ί Κ Ε Ά Ψ Ξ Έ
Σ Ν Α Ρ Α Λ Λ Ο Α Ρ Λ Έ Σ Γ
Κ Τ Ν Α Π Μ Υ Ι Π Μ Τ Ρ Δ Υ
Ό Ε Δ Χ Ο Ί Λ Λ Έ Ρ Σ Ί Ι Β
Λ Λ Ά Ι Ύ Ξ Π Τ Λ Σ Α Ί Σ Υ
Έ Ό Λ Ό Τ Υ Λ Φ Ο Ύ Σ Τ Α Τ
Ρ Ν Ι Λ Σ Ι Γ Ω Β Υ Α Ν Μ Π
Τ Ι Α Ι Ι Ο Ω Ά Ρ Μ Κ Η Π Ι
Π Ζ Ώ Ν Η Μ Ρ Ρ Ν Β Ά Ω Λ Τ
Γ Α Β Σ Ο Ό Ω Η Σ Τ Κ Δ Ο Ζ
Γ Ί Λ Ν Π Δ Ί Π Ο Δ Ι Ά Ύ Ά
Μ Ο Ε Τ Ξ Α Α Δ Ί Έ Α Α Ζ Μ
Ρ Γ Έ Α Ό Φ Ό Ρ Ε Μ Α Μ Α Α
```

ΒΡΑΧΙΌΛΙ	ΠΙΤΖΆΜΑ
ΜΠΛΟΎΖΑ	ΖΏΝΗ
ΠΑΝΤΕΛΌΝΙ	ΦΟΎΣΤΑ
ΓΆΝΤΙΑ	ΣΑΝΔΆΛΙΑ
ΚΑΠΈΛΟ	ΠΑΠΟΎΤΣΙ
ΠΑΛΤΌ	ΠΟΔΙΆ
ΣΑΚΆΚΙ	ΠΟΥΚΆΜΙΣΟ
ΦΌΡΕΜΑ	ΚΑΣΚΌΛ
ΚΟΛΙΈ	ΚΆΛΤΣΑ
ΜΌΔΑ	

79 - Vliegtuigen

```
Έ Ι Α Τ Μ Ό Σ Φ Α Ι Ρ Α Π Κ
Λ Γ Κ Α Ύ Σ Ι Μ Ο Α Χ Π Ι Α
Ι Ψ Α Π Τ Ω Ο Ρ Λ Τ Σ Λ Λ Τ
Κ Α Τ Ε Ύ Θ Υ Ν Σ Η Ψ Ή Ο Α
Α Ν Α Ρ Υ Ρ Ρ Π Μ Μ Μ Ρ Τ Γ
Η Α Σ Ι Δ Γ Α Ρ Π Η Ξ Ω Ι Ω
Μ Τ Κ Π Ρ Ω Ν Ο Α Γ Χ Μ Κ Γ
Έ Α Ε Έ Ο Χ Ό Σ Λ Ε Ρ Α Ή Ή
Μ Ρ Υ Τ Γ Γ Σ Γ Ό Τ Μ Δ Ν Ν
Γ Α Ή Ε Ό Λ Ρ Ε Ν Υ Ψ Ο Σ Ή
Μ Χ Ί Ι Ν Λ Ν Ί Ι Α Έ Ρ Α Σ
Η Ή Λ Α Ο Β Γ Ω Έ Ί Ι Λ Ρ Δ
Ι Σ Τ Ο Ρ Ί Α Σ Χ Έ Δ Ι Ο Έ
Ε Π Ι Β Ά Τ Η Η Λ Σ Π Ψ Λ Ι
```

ΚΑΤΑΓΩΓΉ	ΠΡΟΣΓΕΊΩΣΗ
ΑΤΜΌΣΦΑΙΡΑ	ΑΈΡΑΣ
ΠΕΡΙΠΈΤΕΙΑ	ΜΗΧΑΝΉ
ΜΠΑΛΌΝΙ	ΣΧΈΔΙΟ
ΠΛΉΡΩΜΑ	ΕΠΙΒΆΤΗ
ΚΑΤΑΣΚΕΥΉ	ΠΙΛΟΤΙΚΉ
ΚΑΎΣΙΜΟ	ΈΛΙΚΑ
ΙΣΤΟΡΊΑ	ΚΑΤΕΎΘΥΝΣΗ
ΟΥΡΑΝΌΣ	ΑΝΑΤΑΡΑΧΉ
ΎΨΟΣ	ΥΔΡΟΓΌΝΟ

80 - Herbalisme

```
Δ  Τ  Β  Λ  Ο  Υ  Λ  Ο  Ύ  Δ  Ι  Έ  Π  Κ
Ε  Ε  Β  Α  Ί  Σ  Κ  Γ  Ω  Ω  Ξ  Υ  Ρ  Ή
Σ  Θ  Ν  Μ  Σ  Κ  Ό  Ρ  Δ  Ο  Ρ  Ε  Ά  Π
Τ  Υ  Π  Δ  Α  Ι  Ί  Ο  Ο  Ρ  Υ  Δ  Σ  Ο
Ρ  Μ  Β  Π  Ρ  Δ  Λ  Έ  Υ  Κ  Β  Γ  Ι  Σ
Α  Ά  Μ  Ρ  Ω  Ο  Η  Ι  Ν  Έ  Ο  Α  Ν  Ά
Γ  Ρ  Α  Ο  Έ  Ί  Λ  Ξ  Κ  Χ  Η  Σ  Ο  Ν
Κ  Ι  Γ  Ε  Ύ  Σ  Η  Ί  Ψ  Ο  Μ  Δ  Ν  Η
Ό  Ψ  Ε  Χ  Ψ  Μ  Ν  Ο  Β  Ν  Ύ  Ρ  Δ  Θ
Ν  Ρ  Ι  Ρ  Ί  Γ  Α  Ν  Η  Α  Σ  Σ  Έ  Ο
Υ  Ί  Ρ  Λ  Ε  Β  Ά  Ν  Τ  Α  Ν  Ξ  Ο  Δ
Λ  Δ  Ι  Π  Ο  Ι  Ό  Τ  Η  Τ  Α  Ο  Χ  Π
Γ  Ω  Κ  Σ  Υ  Σ  Τ  Α  Τ  Ι  Κ  Ό  Ξ  Β
Ν  Ψ  Ή  Α  Ρ  Ω  Μ  Α  Τ  Ι  Κ  Ό  Ω  Υ
```

ΑΡΩΜΑΤΙΚΌ
ΒΑΣΙΛΙΚΟΎ
ΛΟΥΛΟΎΔΙ
ΜΑΓΕΙΡΙΚΉ
ΆΝΗΘΟ
ΕΣΤΡΑΓΚΌΝ
ΠΡΆΣΙΝΟ
ΣΥΣΤΑΤΙΚΌ
ΣΚΌΡΔΟ

ΠΟΙΌΤΗΤΑ
ΛΕΒΆΝΤΑ
ΡΊΓΑΝΗ
ΔΕΝΔΡΟΛΊΒΑΝΟ
ΚΡΟΚΟΣ
ΓΕΎΣΗ
ΘΥΜΆΡΙ
ΚΉΠΟΣ

81 - Meubels

```
Κ  Σ  Κ  Ο  Μ  Μ  Ό  Ε  Χ  Λ  Β  Ε  Μ  Δ
Ω  Α  Τ  Ν  Ω  Ε  Λ  Ο  Σ  Ο  Ι  Υ  Τ  Π
Α  Έ  Θ  Ρ  Ί  Χ  Ά  Χ  Υ  Ρ  Β  Ν  Κ  Π
Κ  Χ  Φ  Ρ  Ώ  Ί  Μ  Α  Ξ  Ι  Λ  Ά  Ρ  Ι
Α  Ο  Ο  Τ  Ε  Μ  Π  Λ  Ν  Κ  Ι  Υ  Ε  Έ
Ν  Π  Υ  Ψ  Μ  Φ  Α  Ί  Έ  Α  Ο  Ψ  Β  Δ
Α  Ο  Τ  Ρ  Ν  Γ  Τ  Ψ  Ρ  Θ  Σ  Ά  Μ
Π  Λ  Ό  Ι  Τ  Έ  Γ  Η  Α  Έ  Ή  Λ  Τ  Ν
Έ  Υ  Ν  Μ  Λ  Ί  Β  Υ  Σ  Κ  Κ  Σ  Ι  Υ
Μ  Θ  Ξ  Ν  Η  Γ  Ν  Έ  Χ  Λ  Η  Υ  Β  Ο
Γ  Ρ  Α  Φ  Ε  Ί  Ο  Α  Α  Α  Ι  Ώ  Ρ  Α
Ψ  Ό  Ι  Μ  Μ  Α  Ξ  Ι  Λ  Ά  Ρ  Ι  Α  Έ
Υ  Ν  Ρ  Ά  Φ  Ι  Α  Υ  Ξ  Π  Α  Ε  Μ  Γ
Η  Α  Ξ  Η  Ψ  Η  Λ  Ε  Τ  Δ  Β  Ε  Γ  Υ
```

ΚΑΝΑΠΈ
ΚΡΕΒΆΤΙ
ΒΙΒΛΙΟΘΉΚΗ
ΓΡΑΦΕΊΟ
ΚΟΜΜΌ
ΠΟΛΥΘΡΌΝΑ
ΦΟΥΤΌΝ
ΚΟΥΡΤΊΝΑ
ΑΙΏΡΑ

ΜΑΞΙΛΆΡΙ
ΜΑΞΙΛΆΡΙΑ
ΛΆΜΠΑ
ΣΤΡΏΜΑ
ΡΆΦΙΑ
ΚΑΘΡΕΦΤΗΣ
ΚΑΡΈΚΛΑ
ΧΑΛΊ

82 - Piraten

```
Γ  Ρ  Ω  Ε  Θ  Ρ  Ύ  Λ  Ο  Σ  Κ  Λ  Τ  Σ
Ν  Ε  Δ  Π  Σ  Η  Ν  Έ  Υ  Β  Α  Ω  Ψ  Π
Μ  Ο  Ρ  Σ  Α  Έ  Σ  Γ  Λ  Ι  Κ  Β  Ν  Α
Ξ  Μ  Ο  Σ  Τ  Ρ  Ξ  Α  Ή  Α  Ό  Έ  Δ  Θ
Ν  Έ  Ύ  Μ  Μ  Ί  Α  Π  Υ  Ξ  Ί  Δ  Α  Ί
Σ  Η  Μ  Α  Ί  Α  Ί  Λ  Χ  Ρ  Υ  Σ  Ό  Σ
Ν  Α  Ι  Ξ  Α  Υ  Η  Γ  Ί  Η  Ό  Ε  Ξ  Κ
Β  Η  Π  Λ  Ή  Ρ  Ω  Μ  Α  Α  Ξ  Σ  Ι  Ι
Χ  Ψ  Σ  Σ  Π  Ή  Λ  Α  Ι  Ο  Ξ  Έ  Η  Ν
Έ  Ξ  Ο  Ί  Δ  Τ  Ί  Χ  Ά  Ρ  Τ  Η  Δ  Δ
Π  Ε  Ρ  Ι  Π  Έ  Τ  Ε  Ι  Α  Γ  Π  Σ  Ύ
Π  Α  Π  Α  Γ  Ά  Λ  Ο  Σ  Σ  Ω  Ω  Τ  Ν
Ο  Ρ  Ο  Γ  Η  Ω  Κ  Ε  Α  Ν  Ό  Σ  Ί  Ο
Ά  Γ  Κ  Υ  Ρ  Α  Λ  Ο  Χ  Α  Γ  Ό  Σ  Υ
```

ΆΓΚΥΡΑ	ΘΡΎΛΟΣ
ΠΕΡΙΠΈΤΕΙΑ	ΟΥΛΉ
ΠΛΉΡΩΜΑ	ΩΚΕΑΝΌΣ
ΝΗΣΊ	ΠΑΠΑΓΆΛΟΣ
ΚΙΝΔΎΝΟΥ	ΡΟΎΜΙ
ΧΡΥΣΌΣ	ΘΗΣΑΥΡΌΣ
ΣΠΉΛΑΟ	ΚΑΚΌ
ΧΆΡΤΗ	ΠΑΡΑΛΊΑ
ΛΟΧΑΓΟΣ	ΣΗΜΑΊΑ
ΠΥΞΊΔΑ	ΣΠΑΘΊ

83 - Om in te Vullen

Α	Β	Τ	Ί	Ι	Ρ	Λ	Χ	Ι	Ι	Σ	Κ	Σ	Ρ
Η	Α	Σ	Ο	Δ	Τ	Ε	Α	Β	Σ	Λ	Ι	Ω	Π
Ι	Ρ	Έ	Γ	Ν	Δ	Κ	Ρ	Υ	Η	Τ	Β	Λ	Π
Χ	Έ	Π	Ω	Ρ	Ψ	Ά	Τ	Ι	Έ	Υ	Ώ	Ή	Η
Ν	Λ	Η	Β	Ν	Β	Ν	Ο	Π	Υ	Ψ	Τ	Ν	Π
Φ	Ι	Β	Λ	Ν	Α	Η	Κ	Ξ	Α	Σ	Ι	Α	Τ
Ά	Ω	Γ	Ο	Σ	Λ	Δ	Ι	Σ	Α	Κ	Ο	Σ	Η
Κ	Φ	Χ	Έ	Ί	Ί	Ί	Β	Υ	Ί	Ο	Έ	Τ	Λ
Ε	Β	Ά	Ζ	Ο	Τ	Σ	Ώ	Ρ	Κ	Υ	Γ	Τ	Ξ
Λ	Ν	Μ	Κ	Η	Σ	Κ	Τ	Τ	Α	Τ	Π	Ψ	Ο
Ο	Π	Υ	Υ	Ε	Α	Ο	Ι	Ά	Λ	Ί	Υ	Δ	Ψ
Σ	Α	Ο	Λ	Λ	Σ	Ο	Ρ	Ά	Β	Ο	Λ	Ρ	
Δ	Π	Σ	Μ	Ξ	Χ	Ο	Ρ	Ι	Θ	Τ	Ξ	Β	Ί
Μ	Π	Ο	Υ	Κ	Ά	Λ	Ι	Μ	Ι	Β	Ι	Υ	Ω

ΛΕΚΆΝΗ	ΚΙΒΏΤΙΟ
ΣΩΛΉΝΑΣ	ΣΥΡΤΆΡΙ
ΔΊΣΚΟΣ	ΚΑΛΆΘΙ
ΚΟΥΤΊ	ΦΆΚΕΛΟ
ΦΆΚΕΛΟΣ	ΠΑΚΈΤΟ
ΜΠΟΥΚΆΛΙ	ΒΆΖΟ
ΧΑΡΤΟΚΙΒΏΤΙΟ	ΒΑΡΈΛΙ
ΒΑΛΊΤΣΑ	ΤΣΈΠΗ

84 - Surfen

```
Τ  Ω  Ψ  Ί  Ω  Τ  Π  Ν  Σ  Δ  Χ  Α  Ρ  Ω
Δ  Α  Κ  Λ  Β  Ι  Σ  Ω  Τ  Ε  Π  Π  Β  Ω
Ύ  Ι  Χ  Ε  Κ  Ύ  Μ  Α  Ο  Α  Φ  Ρ  Ό  Σ
Ν  Ι  Α  Ύ  Α  Υ  Υ  Α  Μ  Ξ  Ρ  Ω  Γ  Α
Α  Ω  Σ  Σ  Τ  Ν  Λ  Δ  Ά  Έ  Μ  Τ  Ε  Ρ
Μ  Γ  Ξ  Ω  Κ  Η  Ό  Ν  Χ  Ρ  Γ  Α  Α  Χ
Η  Σ  Τ  Υ  Λ  Έ  Τ  Σ  Ι  Α  Ο  Θ  Ψ  Ά
Κ  Ο  Υ  Π  Ί  Χ  Δ  Α  Υ  Ρ  Ψ  Λ  Ο  Ρ
Ο  Ε  Ά  Η  Ι  Γ  Ξ  Α  Σ  Β  Ι  Η  Π  Ι
Ξ  Λ  Κ  Π  Λ  Ή  Θ  Η  Σ  Έ  Σ  Τ  Λ  Ο
Π  Α  Ρ  Α  Λ  Ί  Α  Θ  Λ  Η  Τ  Ή  Σ  Σ
Γ  Έ  Ο  Κ  Α  Ι  Ρ  Ό  Σ  Υ  Α  Σ  Ί  Ν
Δ  Η  Μ  Ο  Φ  Ι  Λ  Ή  Σ  Ν  Χ  Μ  Ί  Ε
Ν  Ψ  Έ  Μ  Γ  Ψ  Ρ  Ε  Ν  Ω  Ί  Λ  Π  Ρ
```

ΑΘΛΗΤΗΣ	ΚΟΥΠΊ
ΑΡΧΆΡΙΟΣ	ΔΙΑΣΚΈΔΑΣΗ
ΆΚΡΟ	ΔΗΜΟΦΙΛΉΣ
ΚΎΜΑ	ΞΈΡΑ
ΠΡΩΤΑΘΛΗΤΉΣ	ΑΦΡΌΣ
ΔΎΝΑΜΗ	ΤΑΧΎΤΗΤΑ
ΣΤΟΜΆΧΙ	ΣΤΥΛ
ΠΛΉΘΗ	ΠΑΡΑΛΊΑ
ΩΚΕΑΝΌΣ	ΚΑΙΡΌΣ

85 - Rijden

Μ	Ο	Τ	Έ	Ρ	Α	Σ	Φ	Ά	Λ	Ε	Ι	Α	Κ
Ο	Κ	Ι	Ν	Ύ	Ν	Ο	Υ	Γ	Τ	Τ	Υ	Α
Τ	Α	Τ	Ύ	Χ	Η	Μ	Α	Έ	Κ	Ξ	Β	Τ	Ύ
Ο	Σ	Ή	Ρ	Α	Γ	Γ	Α	Ξ	Α	Ι	Χ	Ο	Σ
Σ	Τ	Ψ	Π	Κ	Ω	Ν	Α	Έ	Ρ	Ι	Ο	Κ	Ι
Υ	Υ	Φ	Έ	Υ	Σ	Α	Δ	Δ	Ά	Υ	Ξ	Ί	Μ
Κ	Ν	Ο	Δ	Κ	Α	Γ	Π	Ε	Ζ	Ό	Σ	Ν	Ο
Λ	Ο	Ρ	Ρ	Λ	Μ	Π	Ψ	Μ	Γ	Β	Φ	Η	Β
Έ	Μ	Τ	Ό	Ο	Ι	Ο	Λ	Σ	Χ	Ά	Ρ	Τ	Η
Τ	Ί	Η	Μ	Φ	Ο	Ε	Ν	Ε	Δ	Δ	Έ	Ο	Π
Α	Α	Γ	Ο	Ο	Ί	Η	Α	Β	Ε	Ε	Ν	Ω	Χ
Λ	Α	Ό	Δ	Ρ	Ό	Μ	Ο	Σ	Ί	Ι	Α	Τ	Υ
Ί	Σ	Μ	Σ	Ί	Ω	Λ	Έ	Ρ	Ο	Α	Ρ	Μ	Ί
Μ	Σ	Ε	Τ	Α	Χ	Ύ	Τ	Η	Τ	Α	Υ	Υ	Μ

ΑΥΤΟΚΊΝΗΤΟ
ΚΑΎΣΙΜΟ
ΓΚΑΡΆΖ
ΑΈΡΙΟ
ΚΙΝΔΎΝΟΥ
ΧΆΡΤΗ
ΆΔΕΙΑ
ΜΟΤΈΡ
ΜΟΤΟΣΥΚΛΈΤΑ
ΑΤΎΧΗΜΑ

ΑΣΤΥΝΟΜΊΑ
ΦΡΈΝΑ
ΤΑΧΎΤΗΤΑ
ΔΡΌΜΟ
ΣΉΡΑΓΓΑ
ΑΣΦΆΛΕΙΑ
ΚΥΚΛΟΦΟΡΊΑ
ΠΕΖΌΣ
ΦΟΡΤΗΓΟ
ΔΡΌΜΟΣ

86 - Wetenschap

```
Ά  Γ  Έ  Γ  Ο  Ν  Ό  Σ  Λ  Ε  Σ  Χ  Μ  Π
Υ  Τ  Έ  Ι  Γ  Ξ  Α  Υ  Γ  Ρ  Ω  Η  Έ  Α
Α  Π  Ο  Λ  Ί  Θ  Ω  Μ  Α  Γ  Μ  Μ  Θ  Ρ
Ε  Π  Ε  Μ  Ξ  Β  Π  Γ  Ω  Α  Α  Ι  Ο  Α
Π  Ξ  Ι  Υ  Ο  Ξ  Λ  Ε  Ψ  Σ  Τ  Κ  Δ  Τ
Ι  Σ  Έ  Ο  Ρ  Υ  Κ  Τ  Ά  Τ  Ί  Ή  Ο  Ή
Σ  Π  Υ  Λ  Ω  Χ  Φ  Η  Γ  Ή  Δ  Γ  Σ  Ρ
Τ  Β  Ξ  Ξ  Ι  Χ  Ύ  Μ  Ό  Ρ  Ι  Α  Π  Η
Ή  Χ  Α  Α  Λ  Ξ  Σ  Λ  Σ  Ι  Α  Ρ  Ε  Σ
Μ  Β  Α  Ρ  Ύ  Τ  Η  Τ  Α  Ο  Ί  Π  Ί  Η
Ο  Χ  Λ  Ρ  Μ  Υ  Π  Ό  Θ  Ε  Σ  Η  Ρ  Χ
Ν  Ω  Φ  Υ  Σ  Ι  Κ  Ή  Κ  Λ  Ί  Μ  Α  Η
Α  Ο  Ρ  Γ  Α  Ν  Ι  Σ  Μ  Ό  Σ  Β  Μ  Ν
Σ  Δ  Ε  Δ  Ο  Μ  Έ  Ν  Α  Ί  Χ  Η  Α  Σ
```

ΆΤΟΜΟ	ΕΡΓΑΣΤΉΡΙΟ
ΧΗΜΙΚΉ	ΜΈΘΟΔΟΣ
ΣΩΜΑΤΊΔΙΑ	ΟΡΥΚΤΆ
ΕΞΈΛΙΞΗ	ΜΌΡΙΑ
ΠΕΊΡΑΜΑ	ΦΎΣΗ
ΓΕΓΟΝΌΣ	ΦΥΣΙΚΉ
ΑΠΟΛΊΘΩΜΑ	ΠΑΡΑΤΉΡΗΣΗ
ΔΕΔΟΜΈΝΑ	ΟΡΓΑΝΙΣΜΌΣ
ΥΠΌΘΕΣΗ	ΕΠΙΣΤΉΜΟΝΑΣ
ΚΛΊΜΑ	ΒΑΡΎΤΗΤΑ

87 - Badkamer

```
Τ  Χ  Β  Ρ  Ύ  Σ  Η  Ξ  Ψ  Υ  Ο  Σ  Ε  Ε
Ξ  Π  Π  Μ  Ο  Α  Τ  Μ  Ό  Ύ  Ο  Α  Ξ  Ρ
Ί  Τ  Έ  Σ  Υ  Μ  Π  Ά  Ν  Ι  Ο  Π  Δ  Χ
Ρ  Η  Γ  Τ  Α  Π  Π  Ε  Ί  Φ  Ν  Ο  Ε  Ε
Τ  Ω  Υ  Δ  Χ  Ο  Ί  Έ  Τ  Υ  Γ  Ύ  Ξ  Σ
Ν  Τ  Ο  Υ  Σ  Υ  Χ  Ν  Μ  Σ  Χ  Ν  Υ  Φ
Ε  Έ  Λ  Τ  Ν  Ά  Ρ  Ω  Μ  Α  Έ  Ι  Ξ  Ο
Ρ  Μ  Ρ  Ο  Ο  Ν  Γ  Δ  Π  Λ  Τ  Τ  Ψ  Υ
Ό  Ω  Έ  Ε  Σ  Υ  Μ  Ν  Π  Ί  Σ  Η  Α  Γ
Ω  Χ  Α  Λ  Ί  Ι  Α  Λ  Έ  Δ  Π  Χ  Λ  Γ
Σ  Ρ  Δ  Γ  Ω  Χ  Ό  Λ  Λ  Α  Μ  Τ  Ί  Ά
Ψ  Β  Ί  Μ  Χ  Γ  Π  Ν  Έ  Μ  Δ  Ε  Δ  Ρ
Έ  Υ  Υ  Σ  Σ  Π  Π  Α  Υ  Τ  Ν  Γ  Ι  Ι
Κ  Α  Θ  Ρ  Ε  Φ  Τ  Η  Σ  Γ  Α  Υ  Π  Σ
```

ΜΠΆΝΙΟ
ΦΥΣΑΛΊΔΑ
ΝΤΟΥΣ
ΠΕΤΣΈΤΑ
ΒΡΎΣΗ
ΛΟΣΙΌΝ
ΆΡΩΜΑ
ΨΑΛΊΔΙ

ΣΑΜΠΟΥΆΝ
ΚΑΘΡΕΦΤΗΣ
ΣΦΟΥΓΓΆΡΙ
ΑΤΜΟΎ
ΧΑΛΊ
ΝΕΡΌ
ΤΟΥΑΛΈΤΑ
ΣΑΠΟΎΝΙ

88 - Speelgoed

Γ	Β	Α	Ρ	Μ	Δ	Β	Χ	Ρ	Ώ	Μ	Α	Τ	Α
Δ	Ά	Χ	Λ	Ε	Β	Ι	Β	Λ	Ι	Α	Ξ	Ξ	Τ
Β	Ρ	Α	Π	Δ	Κ	Ο	Ύ	Κ	Λ	Α	Χ	Ε	Ύ
Χ	Κ	Γ	Έ	Α	Γ	Τ	Ψ	Π	Ρ	Ψ	Σ	Ξ	Μ
Α	Α	Δ	Γ	Ί	Ψ	Ε	Ρ	Ο	Μ	Π	Ό	Τ	Π
Γ	Ε	Ρ	Β	Τ	Σ	Χ	Μ	Τ	Β	Ω	Σ	Τ	Α
Α	Ρ	Π	Τ	Φ	Ξ	Ν	Χ	Λ	Χ	Λ	Σ	Ρ	Ν
Π	Ο	Ο	Β	Α	Ν	Ί	Ο	Γ	Χ	Μ	Κ	Ε	Α
Η	Π	Δ	Β	Ν	Ε	Α	Ω	Π	Μ	Π	Ά	Λ	Α
Μ	Λ	Ή	Ψ	Τ	Ί	Τ	Δ	Β	Α	Έ	Κ	Α	Ο
Έ	Ά	Λ	Ν	Α	Έ	Σ	Ό	Μ	Π	Ζ	Ι	Ω	Δ
Ν	Ν	Α	Υ	Σ	Α	Β	Ι	Σ	Χ	Σ	Λ	Έ	Έ
Ο	Ο	Τ	Ψ	Ί	Τ	Ί	Τ	Ρ	Έ	Ν	Ο	Ο	Γ
Σ	Π	Ο	Π	Α	Ι	Χ	Ν	Ί	Δ	Ι	Α	Ω	Δ

ΒΙΟΤΕΧΝΊΑ
ΜΠΆΛΑ
ΒΙΒΛΙΑ
ΒΆΡΚΑ
ΤΎΜΠΑΝΑ
ΑΓΑΠΗΜΈΝΟΣ
ΠΟΔΉΛΑΤΟ
ΠΑΙΧΝΊΔΙΑ
ΚΟΎΚΛΑ

ΠΑΖΛ
ΡΟΜΠΌΤ
ΣΚΆΚΙ
ΤΡΈΝΟ
ΦΑΝΤΑΣΊΑ
ΧΡΏΜΑΤΑ
ΧΑΡΤΑΕΤΌΣ
ΑΕΡΟΠΛΆΝΟ

89 - Muziekinstrumenten

```
Β  Λ  Α  Υ  Δ  Ψ  Μ  Γ  Γ  Β  Χ  Ι  Ψ  Π
Ι  Χ  Δ  Φ  Υ  Σ  Α  Ρ  Μ  Ό  Ν  Ι  Κ  Α
Ο  Γ  Μ  Α  Ν  Τ  Ο  Λ  Ί  Ν  Ο  Ξ  Ρ  Έ
Λ  Σ  Ί  Γ  Τ  Γ  Τ  Ρ  Ο  Μ  Π  Ό  Ν  Ι
Ί  Η  Ρ  Κ  Ε  Χ  Κ  Ψ  Υ  Ν  Ι  Π  Τ  Υ
Σ  Α  Ξ  Ό  Φ  Ω  Ν  Ο  Σ  Χ  Ά  Ψ  Έ  Ρ
Ά  Β  Ω  Τ  Ύ  Μ  Π  Α  Ν  Ο  Ν  Ρ  Φ  Η
Κ  Ρ  Ρ  Ο  Β  Α  Μ  Μ  Τ  Γ  Ο  Β  Ι  Ό
Ρ  Ι  Π  Μ  Α  Ρ  Ί  Μ  Π  Α  Κ  Δ  Η  Μ
Ο  Δ  Τ  Α  Μ  Ε  Κ  Ι  Θ  Ά  Ρ  Α  Λ  Π
Ύ  Υ  Μ  Χ  Λ  Κ  Λ  Α  Ρ  Ι  Ν  Έ  Τ  Ο
Σ  Ψ  Γ  Φ  Λ  Ά  Ο  Υ  Τ  Ο  Α  Τ  Β  Ε
Η  Τ  Ρ  Ο  Μ  Π  Έ  Τ  Α  Χ  Δ  Τ  Ζ  Λ
Β  Ι  Ο  Λ  Ο  Ν  Τ  Σ  Έ  Λ  Ο  Α  Α  Ο
```

ΜΠΆΝΤΖΟ	ΜΑΡΊΜΠΑ
ΒΙΟΛΟΝΤΣΈΛΟ	ΦΥΣΑΡΜΌΝΙΚΑ
ΦΑΓΚΌΤΟ	ΚΡΟΎΣΗ
ΦΛΆΟΥΤΟ	ΠΙΆΝΟ
ΚΙΘΆΡΑ	ΣΑΞΌΦΩΝΟ
ΓΚΟΝΓΚ	ΝΤΈΦΙ
ΆΡΠΑ	ΤΡΟΜΠΌΝΙ
ΌΜΠΟΕ	ΤΎΜΠΑΝΟ
ΚΛΑΡΙΝΈΤΟ	ΤΡΟΜΠΈΤΑ
ΜΑΝΤΟΛΊΝΟ	ΒΙΟΛΊ

90 - Activiteiten en Vrije Ti

```
Μ  Ί  Ε  Υ  Ε  Κ  Η  Π  Ο  Υ  Ρ  Ι  Κ  Ή
Ζ  Π  Ρ  Ο  Ί  Β  Ά  Δ  Α  Υ  Α  Λ  Ε  Χ
Ω  Έ  Ά  Κ  Ο  Λ  Ύ  Μ  Β  Η  Σ  Η  Η  Α
Γ  Ψ  Β  Σ  Π  Ε  Ζ  Ο  Π  Ο  Ρ  Ί  Α  Λ
Ρ  Ά  Ό  Γ  Κ  Ο  Λ  Φ  Υ  Ι  Ι  Έ  Ο  Α
Α  Ρ  Λ  Τ  Ί  Ε  Μ  Π  Ο  Ξ  Ν  Δ  Μ  Ρ
Φ  Ε  Ε  Έ  Σ  Α  Τ  Ξ  Ι  Σ  Η  Γ  Σ  Ω
Ι  Μ  Ϊ  Χ  Α  Έ  Τ  Έ  Ν  Ι  Σ  Μ  Κ  Τ
Κ  Α  Χ  Ν  Ε  Π  Ρ  Υ  Υ  Η  Η  Χ  Ί  Ι
Ή  Π  Λ  Η  Ρ  Ξ  Η  Φ  Α  Ί  Μ  Ό  Ί  Κ
Κ  Α  Τ  Α  Δ  Ύ  Σ  Ε  Ι  Σ  Ι  Μ  Β  Ό
Μ  Π  Έ  Ι  Ζ  Μ  Π  Ο  Λ  Ν  Μ  Π  Ψ  Ί
Π  Ο  Δ  Ό  Σ  Φ  Α  Ι  Ρ  Ο  Γ  Ι  Ν  Ι
Ί  Τ  Ί  Β  Τ  Α  Ξ  Ί  Δ  Ι  Ψ  Κ  Γ  Ν
```

ΜΠΆΣΚΕΤ
ΜΠΟΞ
ΚΑΤΑΔΎΣΕΙΣ
ΓΚΟΛΦ
ΨΆΡΕΜΑ
ΧΌΜΠΙ
ΜΠΈΙΖΜΠΟΛ
ΚΆΜΠΙΝΓΚ
ΤΈΧΝΗ
ΧΑΛΑΡΩΤΙΚΌ

ΤΑΞΊΔΙ
ΖΩΓΡΑΦΙΚΉ
ΣΈΡΦΙΝΓΚ
ΤΈΝΙΣ
ΚΗΠΟΥΡΙΚΉ
ΠΟΔΌΣΦΑΙΡΟ
ΒΌΛΕΪ
ΠΕΖΟΠΟΡΊΑ
ΚΟΛΎΜΒΗΣΗ

91 - Water

```
Υ  Γ  Ρ  Α  Σ  Ί  Α  Υ  Ω  Λ  Μ  Ο  Ε  Χ
Γ  Ε  Ε  Ν  Τ  Ο  Υ  Σ  Π  Ί  Ε  Π  Ι  Ι
Ρ  Ι  Ξ  Ο  Α  Μ  Ά  Ρ  Δ  Ε  Υ  Σ  Η  Ο
Ό  Χ  Γ  Ά  Η  Λ  Ο  Κ  Ύ  Μ  Α  Τ  Α  Υ
Ψ  Ν  Π  Β  Τ  Δ  Ψ  Ύ  Ι  Υ  Α  Α  Π  Ρ
Β  Ρ  Ο  Χ  Ή  Μ  Π  Ό  Σ  Ι  Μ  Ο  Λ  Ι
Σ  Π  Τ  Ι  Έ  Σ  Ι  Β  Α  Λ  Ν  Ε  Η  Κ
Ρ  Υ  Α  Ό  Β  Ρ  Δ  Σ  Η  Τ  Κ  Ι  Μ  Α
Ω  Υ  Μ  Ν  Ο  Ρ  Ε  Ρ  Η  Η  Α  Δ  Μ  Ν
Ψ  Έ  Ό  Ι  Τ  Ω  Σ  Ρ  Υ  Π  Ν  Ν  Ύ  Α
Π  Τ  Σ  Ω  Κ  Ε  Α  Ν  Ό  Σ  Ά  Μ  Ρ  Σ
Χ  Η  Μ  Ο  Υ  Σ  Ώ  Ν  Α  Σ  Λ  Γ  Α  Ί
Λ  Ί  Μ  Ν  Η  Τ  Ψ  Χ  Σ  Π  Ι  Ν  Ο  Ι
Π  Α  Γ  Ω  Ν  Ι  Ά  Ί  Π  Μ  Έ  Ν  Μ  Σ
```

ΝΤΟΥΣ	ΠΛΗΜΜΎΡΑ
ΠΌΣΙΜΟ	ΒΡΟΧΉ
ΚΎΜΑΤΑ	ΠΟΤΑΜΌΣ
ΠΆΓΟΣ	ΧΙΌΝΙ
ΆΡΔΕΥΣΗ	ΑΤΜΟΎ
ΚΑΝΆΛΙ	ΕΞΆΤΜΙΣΗ
ΛΊΜΝΗ	ΥΓΡΌ
ΜΟΥΣΏΝΑΣ	ΥΓΡΑΣΊΑ
ΩΚΕΑΝΌΣ	ΠΑΓΩΝΙΆ
ΧΙΟΥΡΙΚΑΝΑΣ	

92 - Schaken

Α	Τ	Π	Π	Β	Σ	Ί	Α	Ε	Ψ	Μ	Ε	Έ	Ο
Β	Α	Α	Λ	Α	Ρ	Η	Ο	Π	Θ	Α	Α	Ω	Χ
Υ	Έ	Θ	Ρ	Σ	Ι	Α	Μ	Ο	Υ	Ύ	Α	Γ	Ψ
Τ	Β	Η	Ρ	Ί	Σ	Χ	Ψ	Ε	Σ	Ρ	Έ	Π	Ξ
Γ	Χ	Τ	Β	Λ	Π	Ξ	Ν	Ι	Ί	Ο	Ώ	Ρ	Α
Α	Γ	Ι	Π	Ι	Ω	Α	Π	Ί	Α	Α	Β	Ω	Ν
Ο	Χ	Κ	Π	Σ	Λ	Η	Ί	Μ	Δ	Ν	Τ	Τ	Τ
Έ	Β	Ή	Ω	Σ	Ρ	Δ	Β	Κ	Ο	Ι	Ο	Α	Ί
Χ	Υ	Β	Ω	Α	Υ	Γ	Υ	Ι	Τ	Ω	Υ	Θ	Π
Σ	Τ	Ρ	Α	Τ	Η	Γ	Ι	Κ	Ή	Η	Ρ	Λ	Α
Λ	Ε	Υ	Κ	Ό	Ο	Ω	Υ	Τ	Ί	Β	Ν	Η	Λ
Δ	Ι	Α	Γ	Ώ	Ν	Ι	Ο	Σ	Μ	Γ	Ο	Τ	Ο
Α	Ί	Δ	Γ	Υ	Μ	Μ	Μ	Ί	Ψ	Ξ	Υ	Ή	Σ
Η	Ω	Π	Ο	Ω	Β	Α	Σ	Ι	Λ	Ι	Ά	Σ	Ι

ΔΙΑΓΏΝΙΟΣ   ΠΑΊΚΤΗ
ΠΡΩΤΑΘΛΗΤΉΣ   ΣΤΡΑΤΗΓΙΚΉ
ΒΑΣΙΛΙΆΣ   ΑΝΤΊΠΑΛΟΣ
ΒΑΣΊΛΙΣΣΑ   ΏΡΑ
ΘΥΣΊΑ   ΤΟΥΡΝΟΥΆ
ΠΑΘΗΤΙΚΉ   ΛΕΥΚΌ
ΣΗΜΕΊΑ   ΜΑΎΡΟ
ΠΑΙΧΝΊΔΙ

93 - Boerderij #1

```
Σ  Ρ  Γ  Ά  Τ  Α  Γ  Τ  Ν  Λ  Δ  Κ  Γ  Π
Π  Ι  Ύ  Γ  Ν  Ρ  Ψ  Ξ  Ε  Ί  Λ  Ο  Ν  Χ
Ό  Ρ  Η  Ζ  Ε  Έ  Σ  Τ  Ρ  Π  Α  Τ  Β  Λ
Ρ  Ι  Ο  Σ  Ι  Ω  Σ  Η  Ό  Α  Γ  Ό  Φ  Β
Ο  Μ  Ά  Ο  Α  Ε  Ρ  Ι  Ε  Σ  Ε  Π  Ρ  Π
Ι  Σ  Μ  Λ  Μ  Ρ  Ί  Γ  Γ  Μ  Λ  Ο  Α  Ε
Γ  Α  Ϊ  Δ  Ο  Ύ  Ρ  Ι  Ί  Α  Ά  Υ  Κ  Δ
Ί  Ν  Α  Μ  Σ  Γ  Κ  Σ  Ρ  Α  Δ  Λ  Τ  Ί
Η  Ό  Τ  Δ  Χ  Μ  Ο  Γ  Τ  Η  Α  Ο  Η  Ο
Μ  Έ  Λ  Ι  Ά  Γ  Π  Σ  Κ  Ύ  Λ  Ο  Σ  Γ
Ρ  Η  Χ  Ρ  Ρ  Ξ  Ά  Κ  Ο  Ρ  Ά  Κ  Ι  Λ
Ρ  Λ  Τ  Έ  Ι  Ξ  Δ  Υ  Ξ  Η  Χ  Π  Α  Ο
Π  Υ  Σ  Μ  Έ  Λ  Ι  Σ  Σ  Α  Γ  Ί  Δ  Α
Δ  Έ  Π  Έ  Ρ  Π  Α  Υ  Υ  Π  Α  Σ  Χ  Ν
```

ΜΈΛΙΣΣΑ	ΑΓΕΛΆΔΑ
ΓΑΪΔΟΎΡΙ	ΚΟΡΆΚΙ
ΓΊΔΑ	ΚΟΠΆΔΙ
ΦΡΆΚΤΗΣ	ΓΕΩΡΓΊΑ
ΣΚΎΛΟΣ	ΛΊΠΑΣΜΑ
ΜΈΛΙ	ΆΛΟΓΟ
ΣΑΝΌ	ΡΎΖΙ
ΜΟΣΧΆΡΙ	ΠΕΔΊΟ
ΓΆΤΑ	ΝΕΡΌ
ΚΟΤΌΠΟΥΛΟ	ΣΠΌΡΟΙ

94 - Huis

```
Α  Χ  Κ  Β  Υ  Ο  Δ  Μ  Ν  Ν  Π  Π  Ο  Β
Ε  Π  Α  Ι  Π  Έ  Ο  Α  Σ  Α  Έ  Ό  Δ  Λ
Ρ  Δ  Θ  Β  Ν  Ν  Ξ  Δ  Τ  Χ  Γ  Ρ  Τ  Σ
Κ  Ω  Ρ  Λ  Ο  Λ  Τ  Φ  Ρ  Α  Κ  Τ  Η  Σ
Ο  Μ  Ε  Ι  Δ  Έ  Ά  Ο  Δ  Λ  Α  Α  Κ  Υ
Υ  Ά  Φ  Ο  Ω  Β  Π  Μ  Υ  Ί  Ρ  Σ  Α  Π
Ζ  Τ  Τ  Θ  Μ  Δ  Τ  Ι  Π  Σ  Ά  Τ  Μ  Ό
Ί  Ι  Η  Ή  Ά  Σ  Ο  Κ  Π  Α  Ζ  Έ  Ι  Γ
Ν  Ο  Σ  Κ  Τ  Κ  Ί  Ή  Ξ  Λ  Τ  Γ  Ν  Ε
Α  Χ  Σ  Η  Ι  Ο  Χ  Π  Ο  Γ  Α  Η  Ά  Ι
Π  Γ  Ι  Ι  Ο  Ύ  Ο  Ο  Ω  Ν  Β  Ω  Δ  Ο
Τ  Ζ  Ά  Κ  Ι  Π  Σ  Σ  Υ  Β  Ά  Α  Α  Δ
Ι  Τ  Λ  Τ  Β  Α  Χ  Ω  Ε  Δ  Ν  Ω  Τ  Ο
Ν  Έ  Σ  Ν  Λ  Μ  Ί  Ξ  Π  Υ  Ι  Μ  Η  Ο
```

ΣΚΟΎΠΑ
ΒΙΒΛΙΟΘΉΚΗ
ΣΤΈΓΗ
ΠΌΡΤΑ
ΝΤΟΥΣ
ΓΚΑΡΆΖ
ΤΖΆΚΙ
ΦΡΑΚΤΗΣ
ΔΩΜΆΤΙΟ
ΥΠΌΓΕΙΟ

ΚΟΥΖΊΝΑ
ΛΆΜΠΑ
ΈΠΙΠΛΑ
ΤΟΊΧΟΣ
ΤΑΒΆΝΙ
ΚΑΜΙΝΆΔΑ
ΥΠΝΟΔΩΜΆΤΙΟ
ΚΑΘΡΕΦΤΗΣ
ΧΑΛΊ
ΚΉΠΟΣ

95 - Kleuren

```
Η  Υ  Ω  Β  Ψ  Λ  Π  Ρ  Ο  Ρ  Ξ  Ε  Π  Χ
Π  Κ  Ί  Τ  Ρ  Ι  Ν  Ο  Μ  Ο  Β  Λ  Ρ  Π
Ο  Β  Ξ  Γ  Έ  Γ  Α  Λ  Ά  Ζ  Ι  Ο  Ά  Ω
Ρ  Χ  Κ  Μ  Ω  Η  Κ  Υ  Α  Ν  Ό  Υ  Σ  Τ
Τ  Ε  Ό  Τ  Α  Λ  Σ  Ρ  Χ  Σ  Ί  Λ  Ι  Ο
Ο  Τ  Κ  Μ  Α  Ύ  Ρ  Ο  Ι  Υ  Π  Α  Ν  Ρ
Κ  Ο  Κ  Ε  Ξ  Μ  Ψ  Β  Ν  Λ  Ξ  Κ  Ο  Τ
Ά  Ί  Ι  Σ  Έ  Π  Ι  Α  Μ  Ί  Ρ  Ί  Χ  Ε
Λ  Ψ  Ν  Ρ  Ω  Ε  Ω  Χ  Π  Δ  Ο  Γ  Π  Χ
Ι  Ε  Ο  Δ  Κ  Ζ  Τ  Ν  Λ  Ν  Η  Ξ  Ν  Β
Σ  Έ  Υ  Έ  Μ  Α  Δ  Λ  Ε  Ψ  Ε  Μ  Η  Ι
Γ  Ν  Έ  Κ  Γ  Α  Φ  Ο  Ύ  Ξ  Ι  Α  Ν  Ο
Χ  Τ  Σ  Π  Ό  Γ  Σ  Έ  Α  Ι  Ψ  Π  Δ  Ν
Ί  Η  Η  Α  Λ  Έ  Χ  Π  Ρ  Ρ  Η  Α  Χ  Μ
```

ΓΑΛΆΖΙΟ	ΛΟΥΛΑΚΊ
ΜΠΕΖ	ΠΟΡΤΟΚΆΛΙ
ΜΠΛΕ	ΜΟΒ
ΚΑΦΈ	ΚΌΚΚΙΝΟ
ΚΥΑΝΌ	ΡΟΖ
ΦΟΎΞΙΑ	ΣΈΠΙΑ
ΚΊΤΡΙΝΟ	ΛΕΥΚΌ
ΓΚΡΙ	ΜΑΎΡΟ
ΠΡΆΣΙΝΟ	

96 - Verjaardag

Ε	Ω	Ψ	Γ	Σ	Λ	Ν	Κ	Ώ	Ε	Ξ	Η	Φ	Ε
Υ	Έ	Ί	Δ	Έ	Δ	Ρ	Έ	Ε	Ρ	Δ	Μ	Ί	Ι
Τ	Ρ	Α	Γ	Ο	Ύ	Δ	Ι	Ι	Χ	Α	Ε	Λ	Δ
Υ	Ξ	Ι	Β	Ρ	Η	Ι	Κ	Ε	Ρ	Ί	Ρ	Ο	Ι
Χ	Μ	Ι	Ο	Α	Δ	Α	Μ	Τ	Τ	Ρ	Ο	Ι	Κ
Ι	Υ	Ε	Β	Ο	Ψ	Σ	Δ	Ώ	Ρ	Ο	Λ	Ψ	Ή
Σ	Ε	Π	Ρ	Ό	Σ	Κ	Λ	Η	Σ	Η	Ό	Υ	Β
Μ	Ί	Τ	Χ	Λ	Ο	Έ	Η	Ρ	Π	Π	Γ	Ρ	Ω
Έ	Μ	Ψ	Ο	Ω	Φ	Δ	Γ	Τ	Ω	Ί	Ι	Ξ	Ε
Ν	Α	Έ	Η	Σ	Ί	Α	Ι	Ι	Ε	Β	Ο	Χ	Ε
Ο	Μ	Έ	Ρ	Α	Α	Σ	Ω	Ρ	Ο	Ε	Γ	Λ	Ι
Β	Λ	Π	Ο	Λ	Σ	Η	Ω	Ι	Ξ	Ρ	Η	Δ	Δ
Δ	Ν	Χ	Α	Ρ	Ο	Ύ	Μ	Ε	Ν	Ο	Τ	Τ	Λ
Κ	Ά	Ρ	Τ	Ε	Σ	Υ	Υ	Χ	Α	Ο	Λ	Ή	Β

ΧΑΡΟΎΜΕΝΟ	ΤΡΑΓΟΎΔΙ
ΚΈΙΚ	ΔΙΑΣΚΈΔΑΣΗ
ΜΈΡΑ	ΕΙΔΙΚΉ
ΕΥΤΥΧΙΣΜΈΝΟ	ΏΡΑ
ΔΏΡΟ	ΠΡΌΣΚΛΗΣΗ
ΕΤΟΣ	ΓΙΟΡΤΉ
ΚΕΡΊ	ΦΊΛΟΙ
ΚΆΡΤΕΣ	ΣΟΦΊΑ
ΗΜΕΡΟΛΌΓΙΟ	

97 - Getallen

```
Τ  Ν  Ν  Γ  Χ  Α  Δ  Ε  Κ  Α  Ε  Π  Τ  Ά
Η  Ρ  Μ  Χ  Υ  Ρ  Ε  Ο  Π  Π  Ί  Π  Β  Υ
Γ  Α  Ί  Ι  Τ  Έ  Β  Γ  Α  Ϊ  Κ  Η  Τ  Π
Δ  Ε  Κ  Α  Π  Έ  Ν  Τ  Ε  Ι  Ο  Δ  Ε  Ά
Ε  Μ  Δ  Ε  Κ  Α  Τ  Ρ  Ί  Α  Σ  Έ  Ξ  Ι
Κ  Η  Ο  Ε  Έ  Γ  Π  Ψ  Δ  Π  Ι  Κ  Ν  Τ
Α  Δ  Ε  Κ  Α  Τ  Έ  Σ  Σ  Ε  Ρ  Α  Σ  Σ
Ε  Έ  Ν  Ξ  Τ  Χ  Ν  Τ  Έ  Σ  Σ  Ε  Ρ  Α
Ν  Ν  Ν  Δ  Π  Ώ  Τ  Έ  Ν  Α  Ε  Μ  Δ  Σ
Ν  Ί  Έ  Η  Ν  Δ  Ε  Κ  Α  Ο  Κ  Τ  Ώ  Ψ
Έ  Ρ  Α  Ί  Υ  Γ  Χ  Λ  Ξ  Π  Ώ  Έ  Δ  Έ
Α  Δ  Α  Ι  Η  Δ  Ε  Κ  Α  Έ  Ξ  Ι  Ε  Δ
Έ  Π  Δ  Α  Ο  Ύ  Ι  Ω  Π  Ε  Έ  Σ  Κ  Ω
Ψ  Ε  Β  Σ  Λ  Ο  Ψ  Ν  Α  Ί  Ι  Π  Α  Γ
```

ΟΚΤΏ
ΔΕΚΑΟΚΤΏ
ΔΕΚΑΤΡΊΑ
ΤΡΊΑ
ΈΝΑ
ΕΝΝΈΑ
ΔΕΚΑΕΝΝΈΑ
ΜΗΔΈΝ
ΔΈΚΑ
ΔΩΔΕΚΑ

ΔΎΟ
ΕΊΚΟΣΙ
ΔΕΚΑΤΈΣΣΕΡΑ
ΤΈΣΣΕΡΑ
ΠΈΝΤΕ
ΔΕΚΑΠΈΝΤΕ
ΈΞΙ
ΔΕΚΑΈΞΙ
ΕΠΤΆ
ΔΕΚΑΕΠΤΆ

98 - Boerderij #2

```
Λ  Ρ  Υ  Λ  Ά  Μ  Α  Χ  Υ  Ρ  Ώ  Ν  Α  Γ
Έ  Ι  Α  Ν  Ε  Μ  Ό  Μ  Υ  Λ  Ο  Ί  Έ  Ά
Λ  Α  Β  Ο  Σ  Κ  Ό  Σ  Χ  Ν  Ρ  Η  Ν  Λ
Τ  Ρ  Σ  Ά  Ω  Τ  Ί  Δ  Ρ  Π  Ά  Π  Ι  Α
Έ  Ν  Ά  Ρ  Δ  Ε  Υ  Σ  Η  Ι  Μ  Ρ  Ε  Λ
Ζ  Ί  Ψ  Σ  Ε  Ι  Ε  Χ  Ν  Κ  Τ  Ό  Α  Σ
Ώ  Φ  Ξ  Γ  Υ  Ψ  Β  Τ  Κ  Α  Ρ  Β  Μ  Α
Α  Γ  Ρ  Ο  Τ  Η  Σ  Φ  Ρ  Λ  Τ  Α  Ξ  Ί
Α  Ω  Ε  Ο  Έ  Ω  Ι  Υ  Ι  Α  Ψ  Τ  Κ  Ο
Υ  Έ  Ί  Α  Ύ  Β  Λ  Τ  Θ  Μ  Κ  Ο  Υ  Ρ
Ε  Μ  Π  Δ  Ω  Τ  Έ  Ό  Ά  Π  Σ  Τ  Ψ  Ι
Ι  Ί  Τ  Ν  Α  Ω  Ο  Ψ  Ρ  Ό  Ί  Ρ  Έ  Π
Σ  Ι  Τ  Ά  Ρ  Ι  Έ  Υ  Ι  Κ  Υ  Χ  Λ  Ρ
Ί  Ε  Π  Ε  Ρ  Ι  Β  Ό  Λ  Ι  Μ  Χ  Η  Β
```

ΚΥΨΈΛΗ	ΑΡΝΊ
ΑΓΡΟΤΗΣ	ΛΆΜΑ
ΠΕΡΙΒΌΛΙ	ΚΑΛΑΜΠΌΚΙ
ΖΏΑ	ΓΆΛΑ
ΠΆΠΙΑ	ΠΡΌΒΑΤΟ
ΦΡΟΎΤΟ	ΑΧΥΡΏΝΑ
ΚΡΙΘΆΡΙ	ΣΙΤΆΡΙ
ΦΥΤΌ	ΤΡΑΚΤΈΡ
ΒΟΣΚΌΣ	ΛΙΒΆΔΙ
ΆΡΔΕΥΣΗ	ΑΝΕΜΌΜΥΛΟ

99 - Voeding

Σ	Β	Σ	Α	Ι	Ψ	Π	Έ	Ψ	Η	Υ	Β	Α	Α
Έ	Ά	Τ	Η	Β	Ν	Τ	Ο	Ξ	Ί	Ν	Η	Δ	Γ
Π	Δ	Λ	Ό	Ρ	Ε	Ξ	Η	Ι	Ί	Ί	Χ	Ν	Η
Ν	Π	Α	Τ	Ώ	Υ	Έ	Ί	Λ	Ό	Ξ	Ρ	Ο	Σ
Ν	Η	Η	Η	Σ	Υ	Γ	Ρ	Ά	Ο	Τ	Ι	Χ	Δ
Ι	Α	Α	Ι	Ι	Α	Ε	Ζ	Π	Β	Δ	Η	Η	Μ
Ο	Σ	Ο	Π	Μ	Ξ	Ύ	Ί	Ύ	Μ	Ϊ	Ψ	Τ	Π
Υ	Γ	Ε	Ί	Α	Σ	Σ	Ξ	Ξ	Μ	Λ	Τ	Τ	Α
Π	Ι	Κ	Ρ	Ή	Ψ	Η	Ο	Ρ	Δ	Ω	Υ	Η	Χ
Σ	Π	Π	Π	Ρ	Ω	Τ	Ε	Ϊ	Ν	Ε	Σ	Ρ	Α
Ο	Α	Α	Θ	Ε	Ρ	Μ	Ι	Δ	Ε	Σ	Μ	Η	Ρ
Α	Ί	Η	Υ	Ν	Υ	Γ	Ι	Ή	Η	Υ	Γ	Η	Ι
Δ	Ι	Α	Τ	Ρ	Ο	Φ	Ή	Η	Ί	Λ	Ε	Γ	Κ
Ζ	Υ	Γ	Ί	Ζ	Ω	Ν	Π	Ϊ	Σ	Α	Ξ	Μ	Ό

ΠΙΚΡΉ   ΥΓΕΊΑ
ΘΕΡΜΙΔΕΣ   ΠΟΙΌΤΗΤΑ
ΔΙΑΤΡΟΦΉ   ΣΆΛΤΣΑ
ΒΡΏΣΙΜΑ   ΓΕΎΣΗ
ΌΡΕΞΗ   ΜΠΑΧΑΡΙΚΌ
ΠΡΩΤΕΪΝΕΣ   ΠΈΨΗ
ΖΎΜΩΣΗ   ΤΟΞΊΝΗ
ΖΥΓΊΖΩ   ΥΓΡΆ
ΥΓΊΗ

1 - Metingen

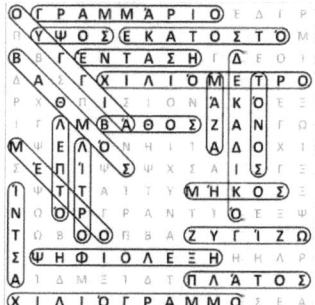

2 - Keuken

3 - Boten

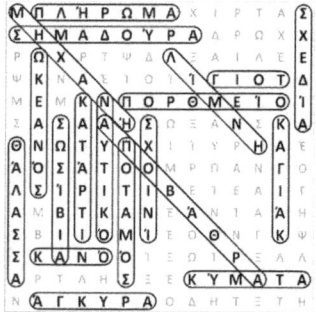

4 - Chocolade

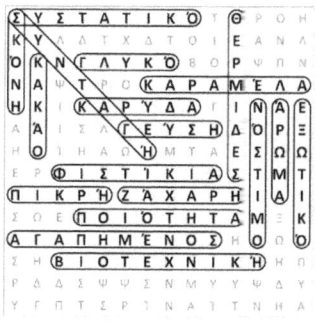

5 - Tijd

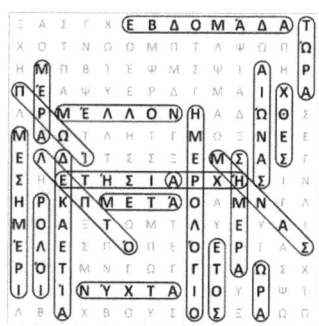

6 - Meditatie

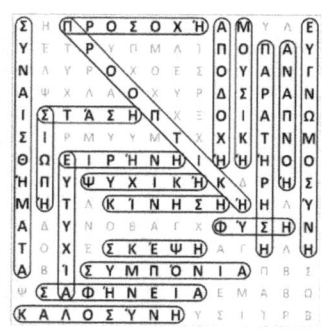

7 - Zomer

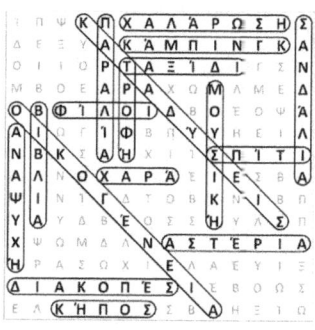

8 - Vogels

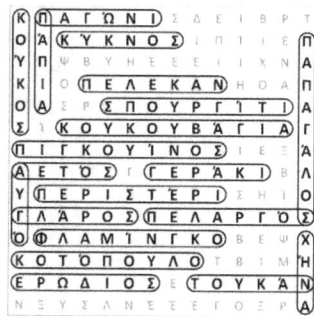

9 - Behoud

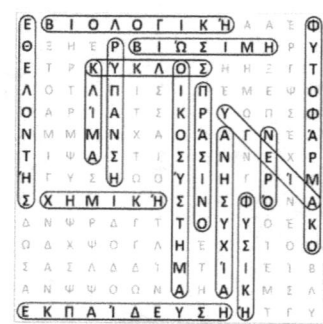

10 - Wiskunde

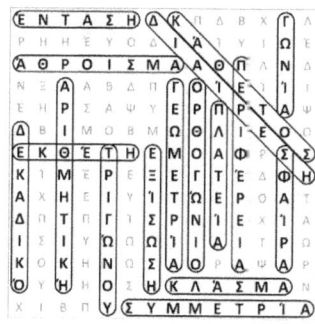

11 - Camping

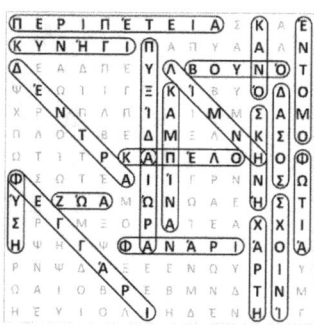

12 - Activiteiten

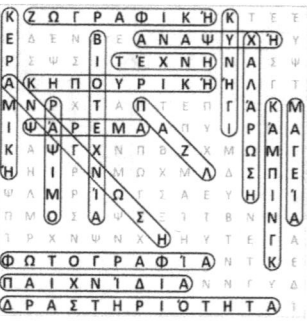

13 - Vormen

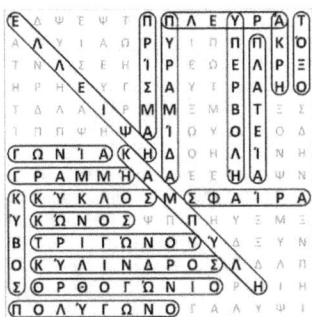

14 - Astronomie

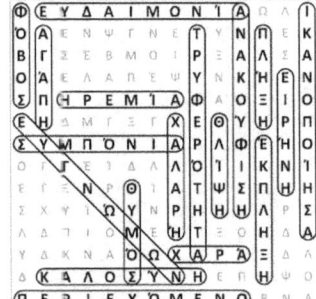

15 - Emoties

16 - Vakantie #2

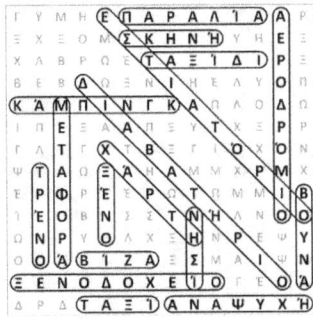

17 - Weersomstandigh

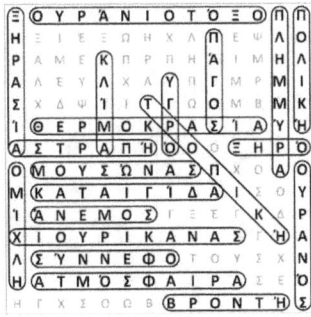

18 - Strand

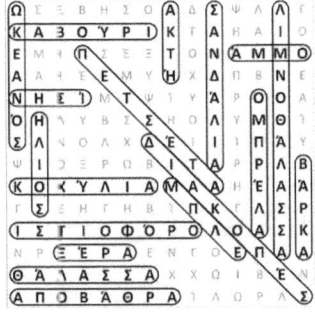

19 - Eten #2

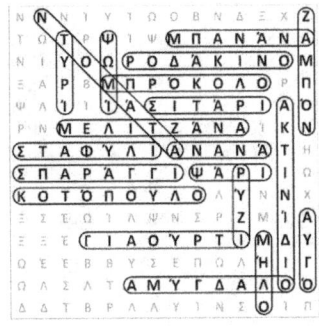

20 - Klimmen

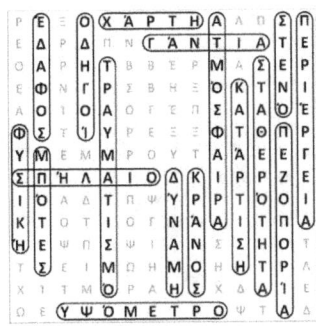

21 - Restaurant #1

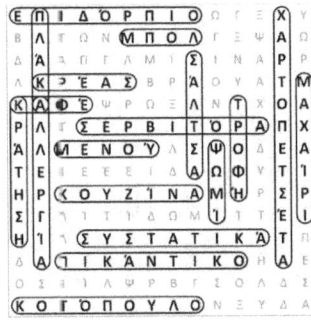

22 - Geologie

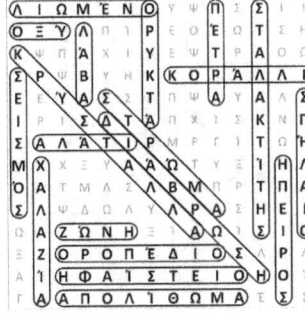

23 - Specerijen

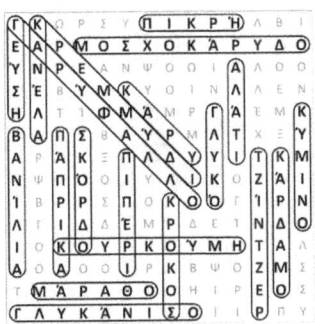

24 - Groenten

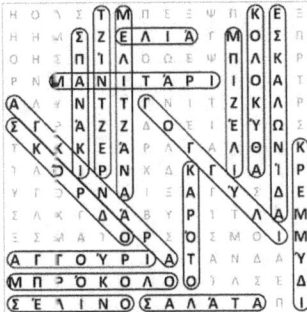

25 - Dans

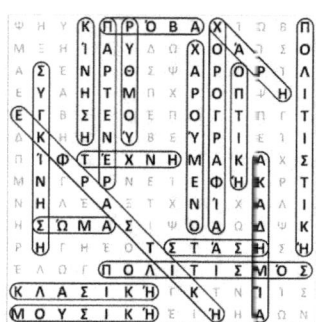

26 - Sport

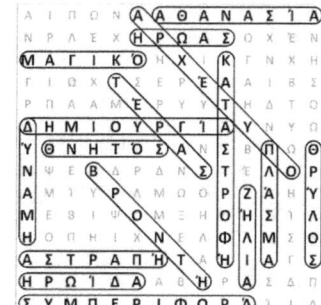

27 - Mythologie

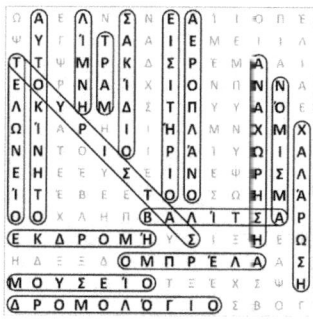

28 - Vakantie #1

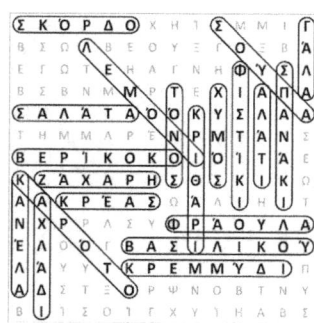

29 - Eten #1

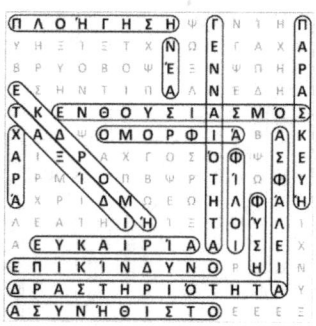

30 - Avontuur

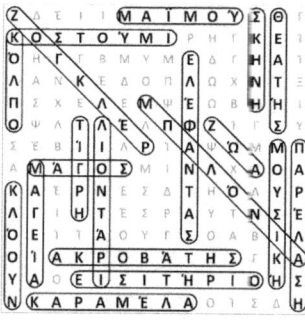

31 - Circus

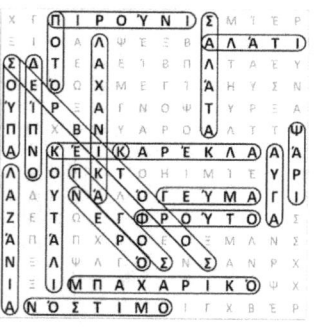

32 - Restaurant #2

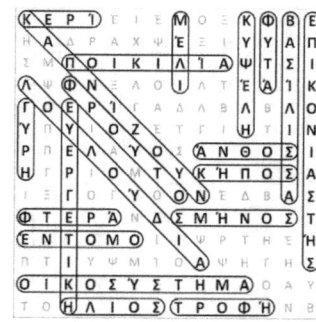

33 - Bijen

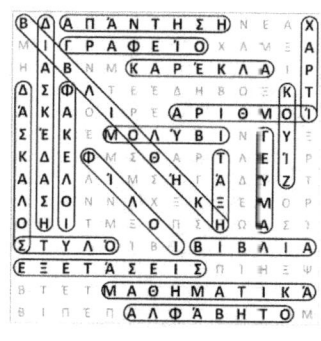

34 - School #1

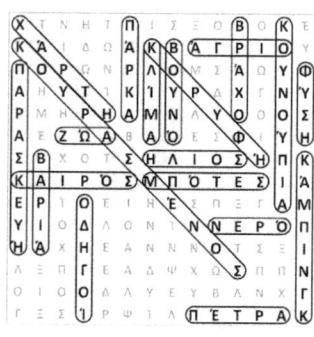

35 - Wandelen

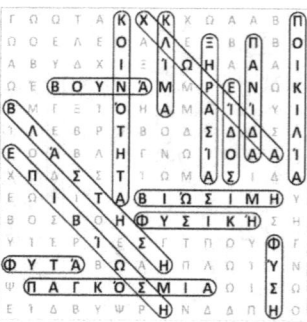

36 - Ecologie

37 - Installaties

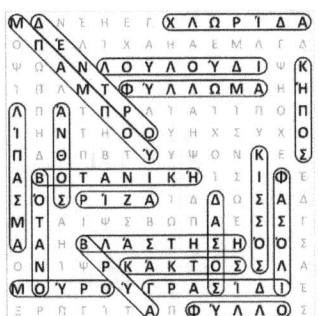

38 - School #2

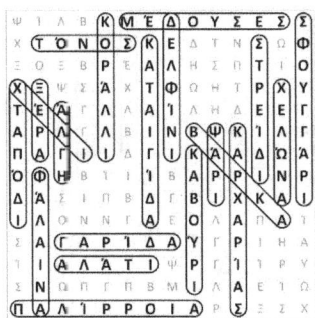

39 - Oceaan

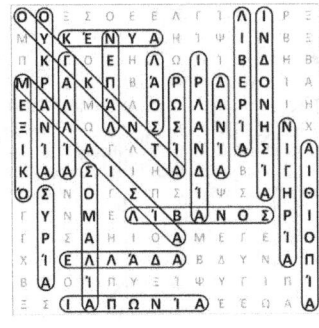

40 - Landen #2

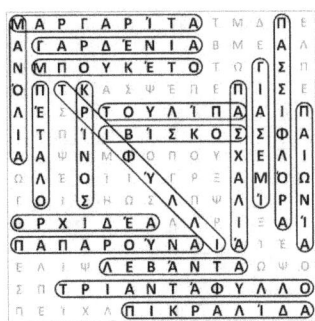

41 - Bloemen

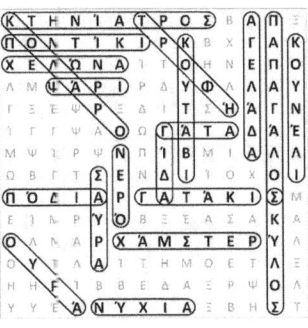

42 - Huisdieren

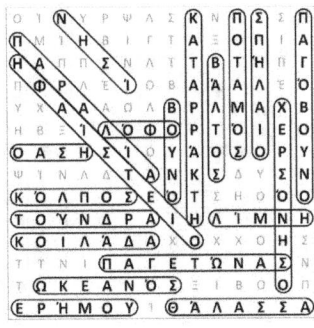

43 - Landschappen

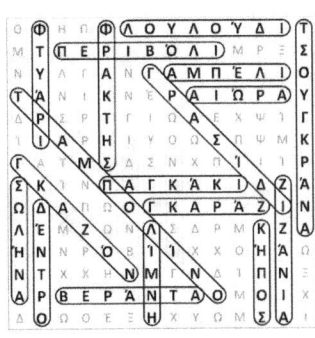

44 - Tuin

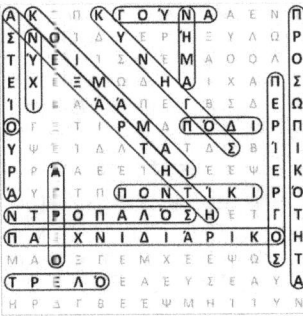

45 - Katten

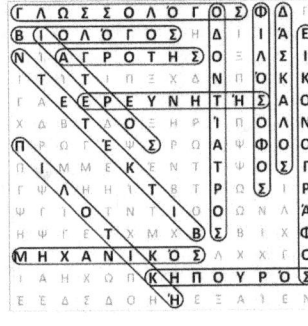

46 - Beroepen #2

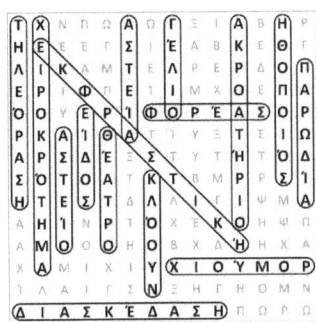

47 - Komedie

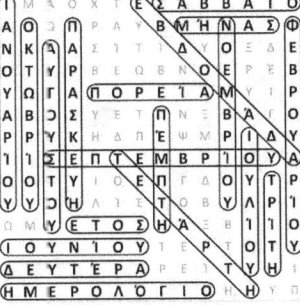

48 - Dagen en Maanden

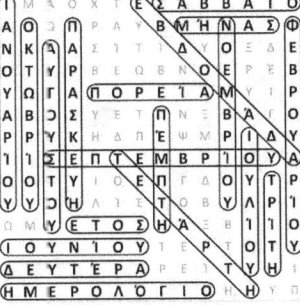

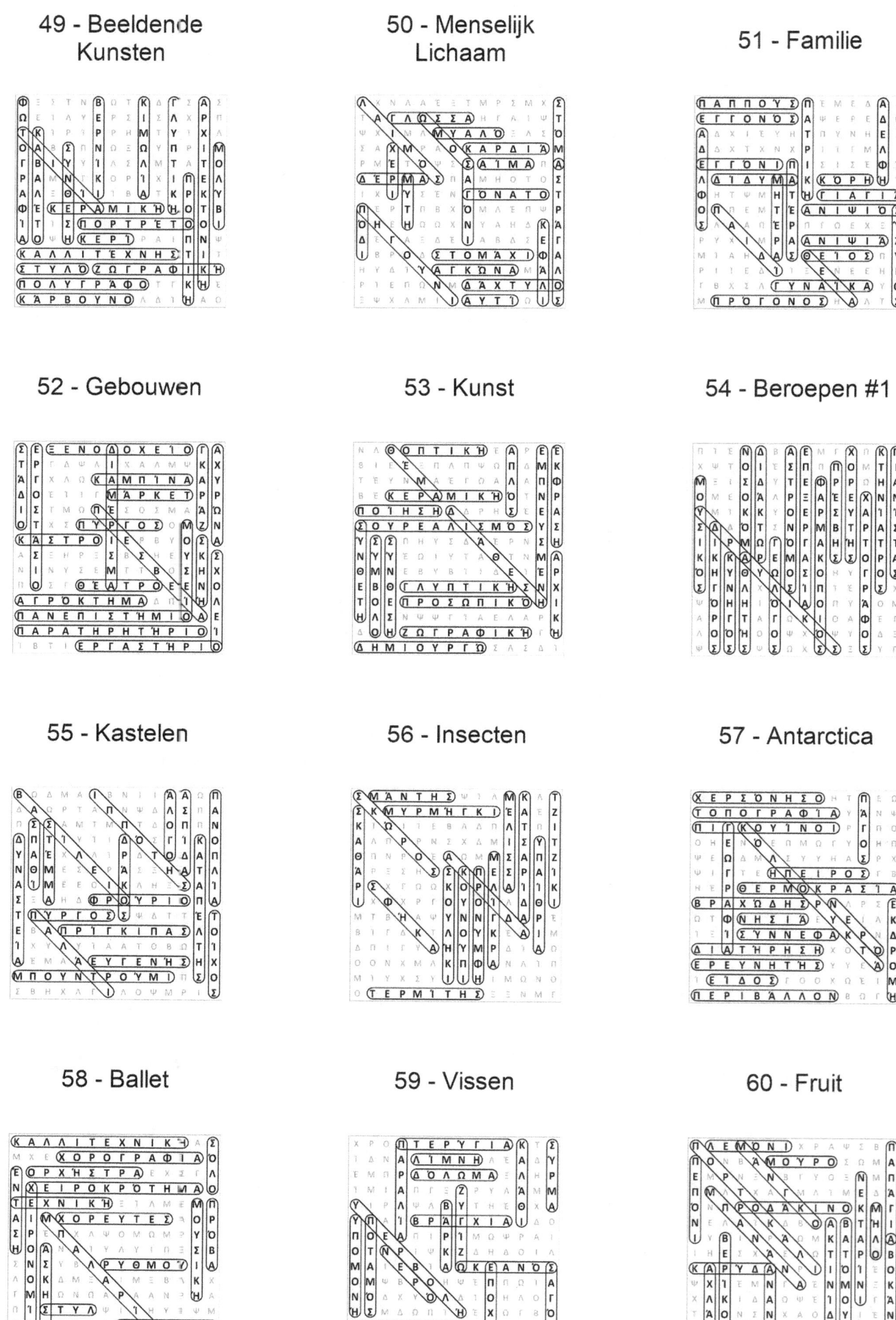

49 - Beeldende Kunsten

50 - Menselijk Lichaam

51 - Familie

52 - Gebouwen

53 - Kunst

54 - Beroepen #1

55 - Kastelen

56 - Insecten

57 - Antarctica

58 - Ballet

59 - Vissen

60 - Fruit

61 - Literatuur

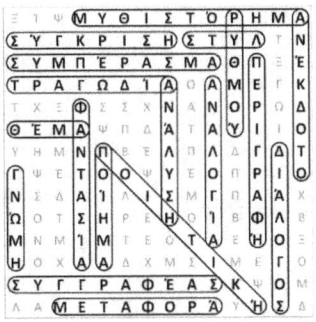

62 - Technologie

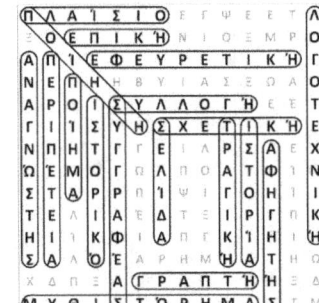

63 - Boeken

64 - Meer Informatie

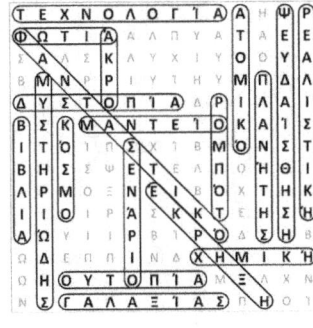

65 - Regenwoud

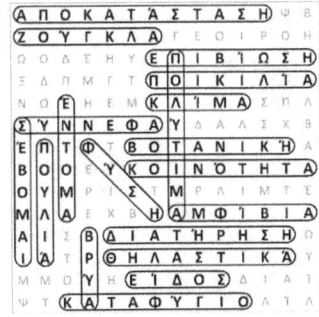

66 - Haartypes

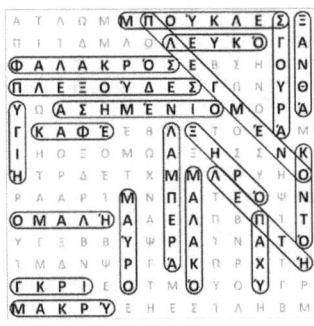

67 - Stad

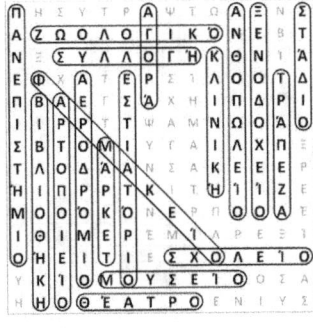

68 - Natuur

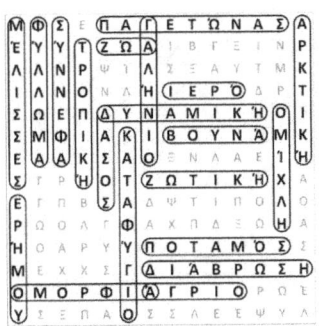

69 - Dinosaurussen

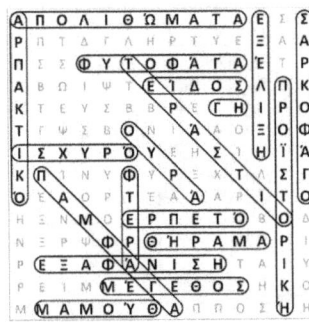

70 - Zoogdieren

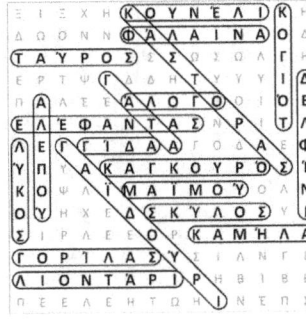

71 - Kampioenschap

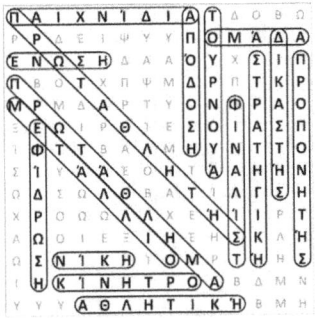

72 - Voertuigen

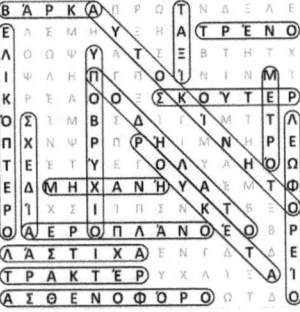

73 - Geografie

74 - Kunstbenodigdhe

75 - Barbecues

76 - Wetenschappelijk

77 - Bijvoeglijke Naamwoorden

78 - Kleding

79 - Vliegtuigen

80 - Herbalisme

81 - Meubels

82 - Piraten

83 - Om in te Vullen

84 - Surfen

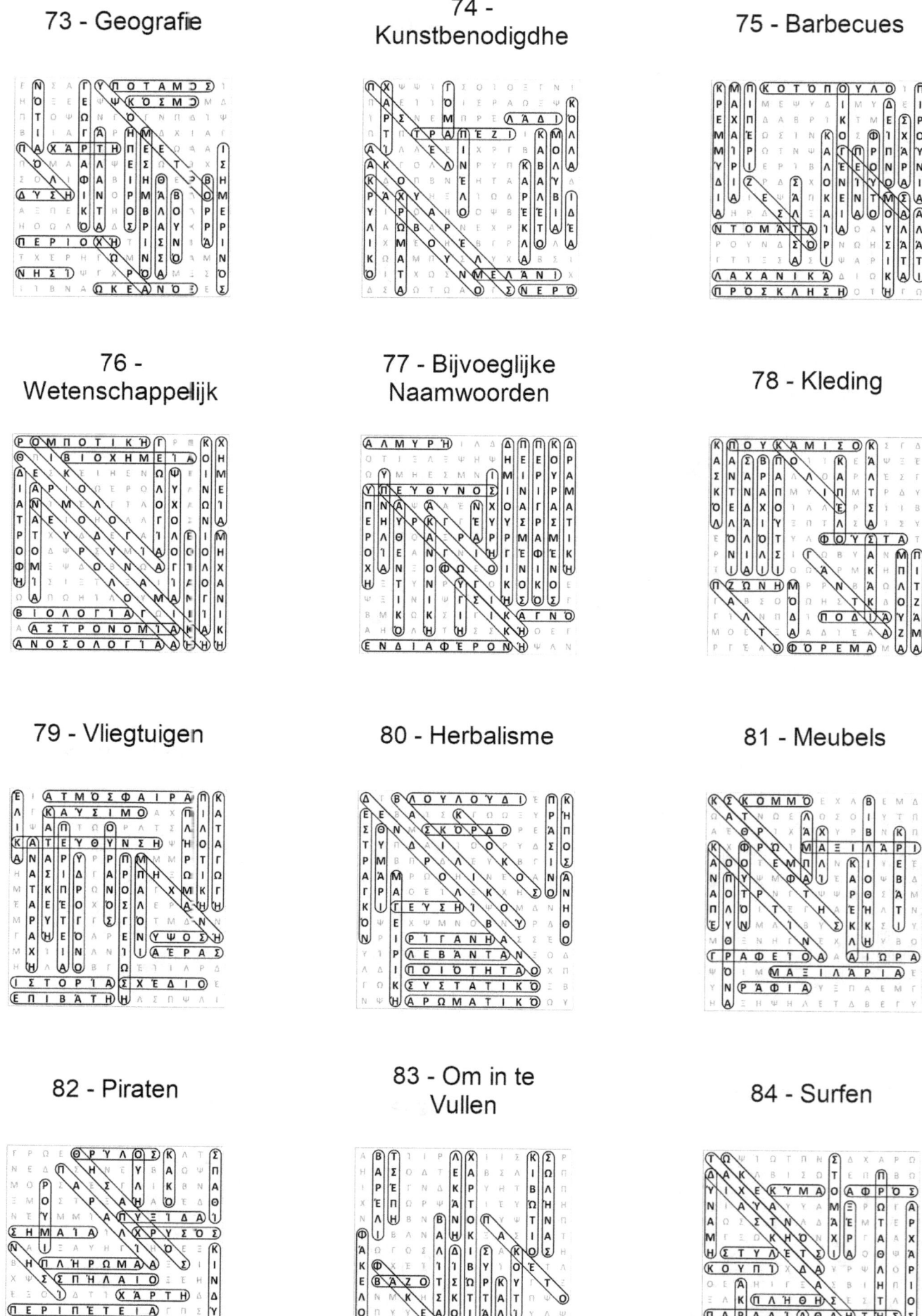

85 - Rijden

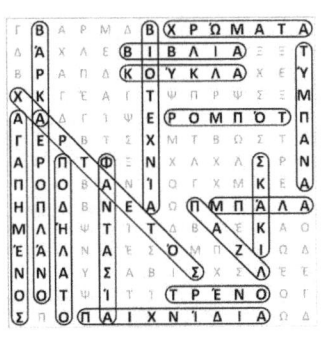

86 - Wetenschap

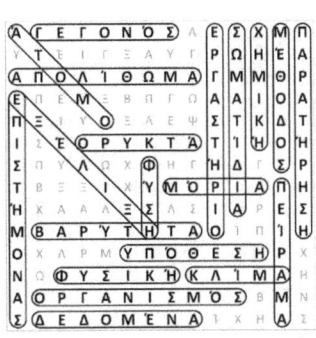

87 - Badkamer

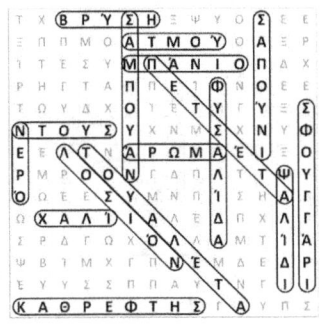

88 - Speelgoed

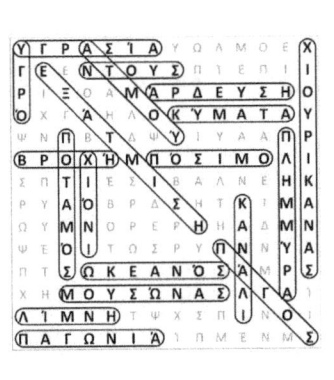

89 - Muziekinstrument

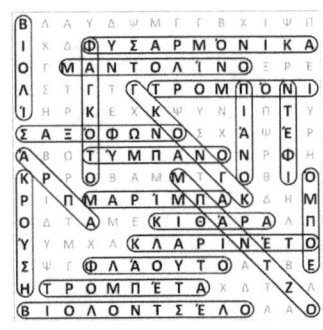

90 - Activiteiten en Vrije Ti

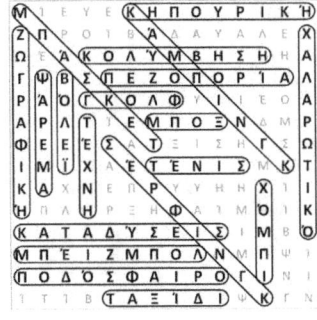

91 - Water

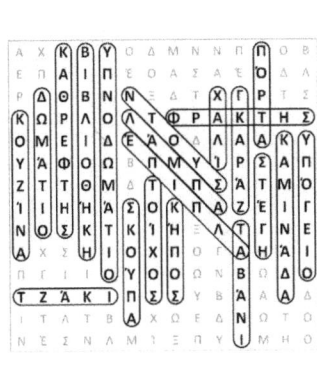

92 - Schaken

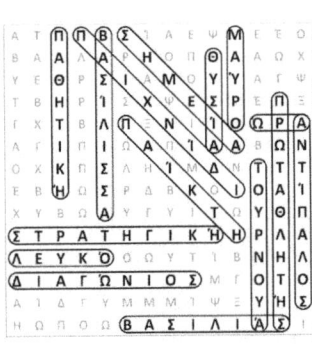

93 - Boerderij #1

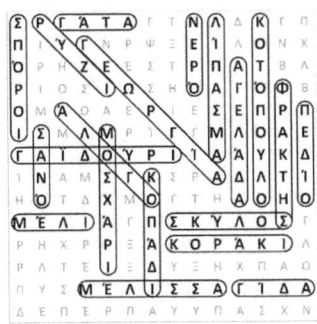

94 - Huis

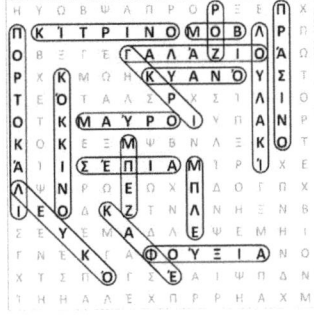

95 - Kleuren

96 - Verjaardag

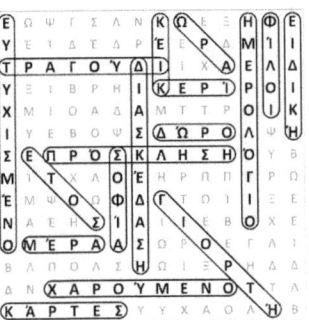

97 - Getallen

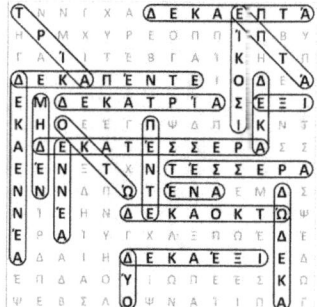

98 - Boerderij #2

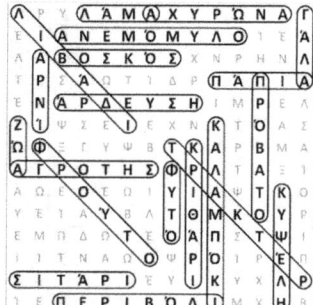

99 - Voeding

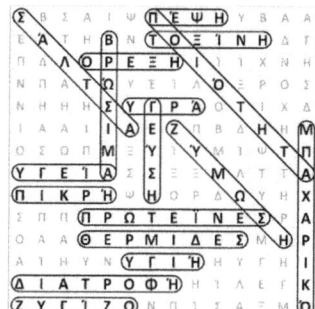

Woordenboek

Activiteiten
Δραστηριότητες

Activiteit	Δραστηριότητα
Ambachten	Βιοτεχνία
Fotografie	Φωτογραφία
Games	Παιχνίδια
Hengelsport	Ψάρεμα
Jacht	Κυνήγι
Kamperen	Κάμπινγκ
Keramiek	Κεραμική
Kunst	Τέχνη
Lezen	Ανάγνωση
Magie	Μαγεία
Naaien	Ράψιμο
Ontspanning	Χαλάρωση
Plezier	Ευχαρίστηση
Puzzels	Παζλ
Schilderij	Ζωγραφική
Tuinieren	Κηπουρική
Vaardigheid	Επιδεξιότητα
Vrije Tijd	Αναψυχή
Wandelen	Πεζοπορία

Activiteiten en Vrije Ti
Δραστηριότητες και Αναψυχή

Basketbal	Μπάσκετ
Boksen	Μποξ
Duiken	Καταδύσεισ
Golf	Γκολφ
Hengelsport	Ψάρεμα
Hobby	Χόμπι
Honkbal	Μπέιζμπολ
Kamperen	Κάμπινγκ
Kunst	Τέχνη
Ontspannen	Χαλαρωτικό
Reis	Ταξίδι
Schilderij	Ζωγραφική
Surfen	Σέρφινγκ
Tennis	Τένισ
Tuinieren	Κηπουρική
Voetbal	Ποδόσφαιρο
Volleybal	Βόλεϊ
Wandelen	Πεζοπορία
Zwemmen	Κολύμβηση

Antarctica
Ανταρκτική

Baai	Κόλπο
Behoud	Διατήρηση
Continent	Ήπειροσ
Eilanden	Νησιά
Expeditie	Εκδρομή
Geografie	Γεωγραφία
Ijs	Πάγοσ
Migratie	Μετανάστευση
Mineralen	Ορυκτά
Omgeving	Περιβάλλον
Onderzoeker	Ερευνητήσ
Pinguïn	Πιγκουίνοι
Rotsachtig	Βραχώδησ
Schiereiland	Χερσόνησο
Soort	Είδοσ
Temperatuur	Θερμοκρασία
Topografie	Τοπογραφία
Water	Νερό
Wetenschappelijk	Επιστημονική
Wolken	Σύννεφα

Astronomie
Αστρονομία

Aarde	Γη
Asteroïde	Αστεροειδήσ
Astronaut	Αστροναύτησ
Astronoom	Αστρονόμοσ
Dierenriem	Ζώδιο
Equinox	Ισημερία
Komeet	Κομήτησ
Maan	Φεγγάρι
Meteoor	Μετέωρο
Nevel	Νεφέλωμα
Observatorium	Παρατηρητήριο
Planeet	Πλανήτησ
Raket	Ρουκέτα
Satelliet	Δορυφορική
Ster	Αστέρι
Sterrenbeeld	Αστερισμό
Straling	Ακτινοβολία
Telescoop	Τηλεσκόπιο
Universum	Σύμπαν
Zwaartekracht	Βαρύτητα

Avontuur
Περιπέτεια

Activiteit	Δραστηριότητα
Bestemming	Προορισμόσ
Enthousiasme	Ενθουσιασμόσ
Excursie	Εκδρομή
Gevaarlijk	Επικίνδυνο
Kans	Ευκαιρία
Moed	Γενναιότητα
Moeilijkheid	Δυσκολία
Natuur	Φύση
Navigatie	Πλοήγηση
Nieuw	Νέα
Ongewoon	Ασυνήθιστο
Reisplan	Δρομολόγιο
Reizen	Ταξίδι
Schoonheid	Ομορφιά
Veiligheid	Ασφάλεια
Voorbereiding	Παρασκευή
Vreugde	Χαρά
Vrienden	Φίλοι

Badkamer
Μπάνιο

Bad	Μπάνιο
Bellen	Φυσαλίδα
Douche	Ντουσ
Handdoek	Πετσέτα
Kraan	Βρύση
Lotion	Λοσιόν
Parfum	Άρωμα
Schaar	Ψαλίδι
Shampoo	Σαμπουάν
Spiegel	Καθρεφτησ
Spons	Σφουγγάρι
Stoom	Ατμού
Tapijt	Χαλί
Water	Νερό
Wc	Τουαλέτα
Zeep	Σαπούνι

Ballet
Μπαλέτο

Applaus	Χειροκρότημα
Artistiek	Καλλιτεχνική
Ballerina	Μπαλαρίνα
Choreografie	Χορογραφία
Componist	Συνθέτη
Dansers	Χορευτες
Expressief	Εκφραστική
Gebaar	Χειρονομία
Intensiteit	Ένταση
Muziek	Μουσική
Orkest	Ορχήστρα
Praktijk	Άσκηση
Publiek	Ακροατήριο
Repetitie	Πρόβα
Ritme	Ρυθμού
Solo	Σόλο
Stijl	Στυλ
Techniek	Τεχνική
Vaardigheid	Επιδεξιότητα

Barbecues
Μπάρμπεκιου

Diner	Δείπνο
Familie	Οικογένεια
Fruit	Φρούτο
Grill	Σχάρα
Groente	Λαχανικά
Heet	Ζεστό
Honger	Πείνα
Kip	Κοτόπουλο
Lunch	Γεύμα
Messen	Μαχαίρια
Muziek	Μουσική
Peper	Πιπέρι
Salades	Σαλάτα
Saus	Σάλτσα
Tomaten	Ντομάτα
Uien	Κρεμμύδια
Uitnodiging	Πρόσκληση
Vorken	Πιρούνια
Zomer	Καλοκαίρι
Zout	Αλάτι

Beeldende Kunsten
Εικαστικές Τέχνες

Architectuur	Αρχιτεκτονική
Artiest	Καλλιτέχνησ
Beeldhouwwerk	Γλυπτική
Ezel	Καβαλέτο
Film	Ταινία
Foto	Φωτογραφία
Houtskool	Κάρβουνο
Keramiek	Κεραμική
Krijt	Κιμωλία
Meesterwerk	Αριστούργημα
Pen	Στυλό
Perspectief	Προοπτική
Portret	Πορτρέτο
Potlood	Μολύβι
Samenstelling	Σύνθεση
Schilderij	Ζωγραφική
Stencil	Πολυγράφο
Vernis	Βερνίκι
Was	Κερί

Behoud
Διατήρηση

Chemicaliën	Χημική
Duurzaam	Βιώσιμη
Ecosysteem	Οικοσύστημα
Fiets	Κύκλοσ
Gezondheid	Υγεία
Groen	Πράσινο
Klimaat	Κλίμα
Natuurlijk	Φυσική
Onderwijs	Εκπαίδευση
Organisch	Βιολογική
Pesticide	Φυτοφάρμακο
Vervuiling	Ρύπανση
Vrijwilliger	Εθελοντής
Water	Νερό
Zorg	Ανησυχία

Beroepen #1
Επαγγέλματα #1

Advocaat	Δικηγόροσ
Ambassadeur	Πρέσβησ
Apotheker	Φαρμακοποιόσ
Astronoom	Αστρονόμοσ
Atleet	Αθλητήσ
Bankier	Τραπεζίτησ
Brandweerman	Πυροσβέστησ
Cartograaf	Χαρτογράφοσ
Danser	Χορευτήσ
Dierenarts	Κτηνίατροσ
Dokter	Διδάκτωρ
Editor	Επεξεργασία
Geoloog	Γεωλόγοσ
Jager	Κυνηγόσ
Loodgieter	Υδραυλικόσ
Muzikant	Μουσικόσ
Pianist	Πιανίστασ
Psycholoog	Ψυχολόγοσ
Verpleegster	Νοσοκόμα
Wetenschapper	Επιστήμονασ

Beroepen #2
Επαγγέλματα #2

Arts	Ιατροσ
Astronaut	Αστροναύτησ
Bioloog	Βιολόγοσ
Boer	Αγροτησ
Chirurg	Χειρουργόσ
Detective	Ντετέκτιβ
Filosoof	Φιλόσοφοσ
Fotograaf	Φωτογράφοσ
Illustrator	Εικονογράφοσ
Ingenieur	Μηχανικόσ
Journalist	Δημοσιογράφοσ
Leraar	Δάσκαλοσ
Linguïst	Γλωσσολόγοσ
Onderzoeker	Ερευνητήσ
Piloot	Πιλοτική
Schilder	Ζωγράφοσ
Tandarts	Οδοντίατροσ
Tuinman	Κηπουρόσ
Uitvinder	Εφευρέτησ
Zoöloog	Ζωολόγοσ

Bijen
Μέλισσες

Bestuiver	Επικονιαστήσ
Bijenkorf	Κυψέλη
Bloemen	Λουλούδια
Bloesem	Άνθοσ
Diversiteit	Ποικιλία
Ecosysteem	Οικοσύστημα
Fruit	Φρούτο
Honing	Μέλι
Insect	Έντομο
Koningin	Βασίλισσα
Planten	Φυτά
Rook	Καπνίζουν
Stuifmeel	Γύρη
Tuin	Κήποσ
Vleugels	Φτερά
Voedsel	Τροφή
Voordelig	Ευεργετική
Was	Κερί
Zon	Ήλιοσ
Zwerm	Σμήνοσ

Bijvoeglijke Naamwoorden
Επίθετα #1

Aantrekkelijk	Ελκυστικό
Absoluut	Απόλυτη
Actief	Ενεργή
Ambitieus	Φιλόδοξο
Aromatisch	Αρωματικό
Artistiek	Καλλιτεχνική
Belangrijk	Σημαντικό
Diep	Βαθιά
Donker	Σκούρο
Dun	Λεπτή
Exotisch	Εξωτικό
Gelukkig	Ευτυχισμένο
Identiek	Ίδια
Lang	Μακρύ
Langzaam	Αργή
Modern	Μοντέρνο
Onschuldig	Αθώοσ
Perfect	Τέλειο
Waardevol	Πολύτιμα
Zwaar	Βαριά

Bijvoeglijke Naamwoorden
Επίθετα #2

Authentiek	Αυθεντικό
Begaafd	Προικισμένοσ
Beschrijvend	Περιγραφικό
Creatief	Δημιουργική
Dramatisch	Δραματική
Gezond	Υγιή
Hongerig	Πεινασμένοσ
Interessant	Ενδιαφέρον
Moe	Κουρασμένοσ
Natuurlijk	Φυσική
Nieuw	Νέα
Normaal	Κανονική
Productief	Παραγωγική
Slaperig	Υπνηλία
Sterk	Ισχυρή
Trots	Υπεροχη
Verantwoordelijk	Υπεύθυνοσ
Wild	Άγριο
Zout	Αλμυρή
Zuiver	Αγνό

Bloemen
Λουλούδια

Bloemblad	Πέταλο
Boeket	Μπουκέτο
Gardenia	Γαρδένια
Hibiscus	Ιβίσκοσ
Jasmijn	Γιασεμί
Klaver	Τριφύλλι
Lavendel	Λεβάντα
Lelie	Κρίνοσ
Lila	Πασχαλιά
Madeliefje	Μαργαρίτα
Magnolia	Μανόλια
Orchidee	Ορχιδέα
Paardebloem	Πικραλίδα
Papaver	Παπαρούνα
Passiebloem	Πασσιφλόρα
Pioenroos	Παιωνία
Roos	Τριαντάφυλλο
Tulp	Τουλίπα
Zonnebloem	Ηλιοτρόπιο

Boeken
Βιβλία

Auteur	Συγγραφέασ
Avontuur	Περιπέτεια
Bladzijde	Σελίδα
Collectie	Συλλογή
Context	Πλαίσιο
Dualiteit	Δυαδικότητα
Episch	Επική
Gedicht	Ποίημα
Geschreven	Γραπτή
Historisch	Ιστορικό
Humoristisch	Χιουμοριστικό
Inventief	Εφευρετική
Lezer	Αναγνώστησ
Literair	Λογοτεχνική
Poëzie	Ποίηση
Relevant	Σχετική
Roman	Μυθιστόρημα
Tragisch	Τραγική
Verhaal	Ιστορία
Verteller	Αφηγητήσ

Boerderij #1
Αγρόκτημα #1

Bij	Μέλισσα
Ezel	Γαϊδούρι
Geit	Γίδα
Hek	Φρακτησ
Hond	Σκύλοσ
Honing	Μέλι
Hooi	Σανό
Kalf	Μοσχάρι
Kat	Γάτα
Kip	Κοτόπουλο
Koe	Αγελάδα
Kraai	Κοράκι
Kudde	Κοπάδι
Landbouw	Γεωργία
Mest	Λίπασμα
Paard	Άλογο
Rijst	Ρύζι
Veld	Πεδίο
Water	Νερό
Zaden	Σπόροι

Boerderij #2
Αγρόκτημα #2

Bijenkorf	Κυψέλη
Boer	Αγροτης
Boomgaard	Περιβόλ
Dieren	Ζώα
Eend	Πάπια
Fruit	Φρούτο
Gerst	Κριθάρι
Groente	Φυτό
Herder	Βοσκόσ
Irrigatie	Άρδευσι
Lam	Αρνί
Lama	Λάμα
Maïs	Καλαμποκι
Melk	Γάλα
Schaap	Πρόβατσ
Schuur	Αχυρώνα
Tarwe	Σιτάρι
Tractor	Τρακτέρ
Weide	Λιβάδι
Windmolen	Ανεμόμυλο

Boten
Σκάφη

Anker	Άγκυρα
Bemanning	Πλήρωμα
Boei	Σημαδούρα
Dok	Αποβάθρα
Golven	Κύματα
Jacht	Γιοτ
Kajak	Καγιάκ
Kano	Κανό
Mast	Κατάρτι
Meer	Λίμνη
Motor	Μηχανή
Nautisch	Ναυτικό
Oceaan	Ωκεανόσ
Reddingsboot	Σωσίβια
Rivier	Ποταμόσ
Touw	Σχοινί
Veerboot	Πορθμείο
Vlot	Σχεδία
Zee	Θάλασσα
Zeilboot	Ιστιοφόρο

Camping
Κατασκήνωση

Avontuur	Περιπέτεια
Berg	Βουνό
Bomen	Δέντρα
Bos	Δασοσ
Brand	Φωτιά
Cabine	Καμπίνα
Dieren	Ζώα
Hangmat	Αιώρα
Hoed	Καπέλο
Insect	Έντομο
Jacht	Κυνήγι
Kaart	Χάρτη
Kano	Κανό
Kompas	Πυξίδα
Lantaarn	Φανάρι
Maan	Φεγγάρι
Meer	Λίμνη
Natuur	Φύση
Tent	Σκηνή
Touw	Σχοινί

Chocolade
Σοκολάτα

Aroma	Άρωμα
Artisanaal	Βιοτεχνική
Bitter	Πικρή
Cacao	Κακάο
Calorieën	Θερμιδεσ
Exotisch	Εξωτικό
Favoriet	Αγαπημένοσ
Heerlijk	Νόστιμο
Ingrediënt	Συστατικό
Karamel	Καραμέλα
Kokosnoot	Καρύδα
Kwaliteit	Ποιότητα
Pinda'S	Φιστίκια
Poeder	Σκόνη
Recept	Συνταγή
Smaak	Γεύση
Suiker	Ζάχαρη
Zoet	Γλυκό

Circus
Τσίρκο

Aap	Μαϊμού
Acrobaat	Ακροβάτησ
Ballonnen	Μπαλόνια
Clown	Κλόουν
Dieren	Ζώα
Goochelaar	Μάγοσ
Jongleur	Ζογκλέρ
Kaartje	Εισιτήριο
Kostuum	Κοστούμι
Leeuw	Λιοντάρι
Magie	Μαγεία
Muziek	Μουσική
Olifant	Ελέφαντασ
Parade	Παρέλαση
Snoep	Καραμέλα
Tent	Σκηνή
Tijger	Τίγρη
Toeschouwer	Θεατήσ
Truc	Κόλπο
Vermaken	Διασκεδάσει

Dagen en Maanden
Ημέρες και Μήνες

Augustus	Αυγούστου
Dinsdag	Τρίτη
Donderdag	Πέμπτη
Februari	Φεβρουαρίου
Jaar	Ετοσ
Januari	Ιανουαρίου
Juli	Ιουλίου
Juni	Ιουνίου
Kalender	Ημερολόγιο
Maand	Μήνασ
Maandag	Δευτέρα
Maart	Πορεία
November	Νοεμβρίου
Oktober	Οκτωβρίου
September	Σεπτεμβρίου
Vrijdag	Παρασκευή
Week	Εβδομάδα
Woensdag	Τετάρτη
Zaterdag	Σάββατο
Zondag	Κυριακή

Dans
Χορός

Academie	Ακαδημία
Beweging	Κίνηση
Blij	Χαρούμενο
Choreografie	Χορογραφία
Cultureel	Πολιτιστική
Cultuur	Πολιτισμόσ
Emotie	Συγκίνηση
Expressief	Εκφραστική
Genade	Χάρη
Houding	Στάση
Klassiek	Κλασική
Kunst	Τέχνη
Lichaam	Σώμα
Muziek	Μουσική
Partner	Παρτενέρ
Repetitie	Πρόβα
Ritme	Ρυθμού
Traditioneel	Παραδοσιακή
Visueel	Οπτική

Dinosaurussen
Δεινόσαυροι

Aarde	Γη
Carnivoor	Σαρκοφάγο
Enorm	Τεράστιο
Evolutie	Εξέλιξη
Fossielen	Απολιθώματα
Grootte	Μέγεθοσ
Herbivoor	Φυτοφάγα
Krachtig	Ισχυρό
Mammoet	Μαμούθ
Omnivoor	Παμφάγα
Prehistorisch	Προϊστορική
Prooi	Θήραμα
Reptiel	Ερπετό
Roofvogel	Αρπακτικό
Soort	Είδοσ
Staart	Ουρά
Verdwijning	Εξαφάνιση
Vleugels	Φτερά

Ecologie
Οικολογία

Bergen	Βουνά
Diversiteit	Ποικιλία
Droogte	Ξηρασία
Duurzaam	Βιώσιμη
Fauna	Πανίδα
Flora	Χλωρίδα
Gemeenschappen	Κοινότητα
Globaal	Παγκόσμια
Klimaat	Κλίμα
Marinier	Θαλάσσιο
Natuur	Φύση
Natuurlijk	Φυσική
Overleving	Επιβίωση
Planten	Φυτά
Soort	Είδοσ
Vegetatie	Βλάστηση
Vrijwilligers	Εθελοντέσ

Emoties
Συναισθήματα

Angst	Φόβοσ
Dankbaar	Ευγνώμων
Droefheid	Θλίψη
Gelukzaligheid	Ευδαιμονία
Inhoud	Περιεχόμενο
Liefde	Αγάπη
Ontspannen	Χαλαρή
Opluchting	Ανακούφιση
Rust	Ηρεμία
Sympathie	Συμπόνια
Tederheid	Τρυφερότητα
Tevreden	Ικανοποίησα
Verrassing	Έκπληξη
Verveling	Πλήξη
Vrede	Ειρήνη
Vreugde	Χαρά
Vriendelijkheid	Καλοσύνη
Woede	Θυμόσ

Eten #1
Τρόφιμα #1

Aardbei	Φράουλα
Abrikoos	Βερίκοκο
Basilicum	Βασιλικού
Citroen	Λεμόνι
Gerst	Κριθάρι
Kaneel	Κανέλα
Knoflook	Σκόρδο
Melk	Γάλα
Peer	Αχλάδι
Pinda	Φιστίκι
Salade	Σαλάτα
Sap	Χυμόσ
Soep	Σούπα
Spinazie	Σπανάκι
Suiker	Ζάχαρη
Tonijn	Τόνοσ
Ui	Κρεμμύδι
Vlees	Κρέας
Wortel	Καρότο
Zout	Αλάτι

Eten #2
Τρόφιμα #2

Amandel	Αμύγδαλο
Ananas	Ανανά
Appel	Μήλο
Asperge	Σπαράγγι
Aubergine	Μελιτζάνα
Banaan	Μπανάνα
Broccoli	Μπρόκολο
Brood	Ψωμί
Druif	Σταφύλι
Ei	Αυγό
Ham	Ζαμπόν
Kaas	Τυρί
Kip	Κοτόπουλο
Kiwi	Ακτινίδιο
Perzik	Ροδάκινο
Rijst	Ρύζι
Tarwe	Σιτάρι
Tomaat	Ντομάτα
Vis	Ψάρι
Yoghurt	Γιαούρτι

Familie
Οικογένεια

Broer	Αδελφοσ
Dochter	Κόρη
Grootmoeder	Γιαγιά
Kind	Παιδί
Kleinkind	Εγγόνι
Kleinzoon	Εγγονόσ
Man	Σύζυγοσ
Moeder	Μητέρα
Neef	Ανιψιόσ
Nicht	Ανιψιά
Oom	Θείοσ
Opa	Παππούσ
Tante	Θεία
Tweeling	Δίδυμα
Vader	Πατέρασ
Vaderlijk	Πατρική
Voorouder	Πρόγονοσ
Vrouw	Γυναίκα
Zus	Αδελφή

Fruit
Φρούτα

Abrikoos	Βερίκοκο
Ananas	Ανανά
Appel	Μήλο
Avocado	Αβοκάντο
Banaan	Μπανάνα
Bes	Μούρο
Citroen	Λεμόνι
Druif	Σταφύλι
Framboos	Βατόμουρο
Kers	Κεράσι
Kiwi	Ακτινίδιο
Kokosnoot	Καρύδα
Mango	Μάνγκο
Meloen	Πεπόνι
Nectarine	Νεκταρίνι
Oranje	Πορτοκάλι
Papaja	Παπάγια
Peer	Αχλάδι
Perzik	Ροδάκινο
Pruim	Δαμάσκηνο

Gebouwen
Κτίρια

Ambassade	Πρεσβεία
Appartement	Διαμέρισμα
Boerderij	Αγρόκτημα
Cabine	Καμπίνα
Fabriek	Εργοστάσιο
Garage	Γκαράζ
Hotel	Ξενοδοχείο
Kasteel	Κάστρο
Laboratorium	Εργαστήριο
Museum	Μουσείο
Observatorium	Παρατηρητήριο
School	Σχολείο
Schuur	Αχυρώνα
Stadion	Στάδιο
Supermarkt	Μάρκετ
Tent	Σκηνή
Theater	Θέατρο
Toren	Πύργοσ
Universiteit	Πανεπιστήμιο
Ziekenhuis	Νοσοκομείο

Geografie
Γεωγραφία

Atlas	Άτλαντα
Berg	Βουνό
Continent	Ήπειροσ
Eiland	Νησί
Evenaar	Ισημερινόσ
Halfrond	Ημισφαίριο
Hoogte	Υψόμετρο
Kaart	Χάρτη
Land	Χώρα
Lengtegraad	Γεωγραφικό
Meridiaan	Μεσημβρινό
Noorden	Βορρά
Oceaan	Ωκεανόσ
Regio	Περιοχή
Rivier	Ποταμόσ
Stad	Πόλη
Wereld	Κόσμο
Westen	Δύση
Zee	Θάλασσα
Zuiden	Νότια

Geologie
Γεωλογία

Aardbeving	Σεισμόσ
Calcium	Ασβέστιο
Continent	Ήπειροσ
Erosie	Διάβρωση
Fossiel	Απολίθωμα
Gesmolten	Λιωμένο
Grot	Σπήλαιο
Koraal	Κοράλλι
Kristallen	Κρύσταλλα
Kwarts	Χαλαζία
Laag	Στρώμα
Lava	Λάβα
Mineralen	Ορυκτά
Plateau	Οροπέδιο
Stalactiet	Σταλακτίτησ
Steen	Πέτρα
Vulkaan	Ηφαίστειο
Zone	Ζώνη
Zout	Αλάτι
Zuur	Οξύ

Getallen
Αριθμοί

Acht	Οκτώ
Achttien	Δεκαοκτώ
Dertien	Δεκατρία
Drie	Τρία
Een	Ένα
Negen	Εννέα
Negentien	Δεκαεννέα
Nul	Μηδέν
Tien	Δέκα
Twaalf	Δώδεκα
Twee	Δύο
Twintig	Είκοσι
Veertien	Δεκατέσσερα
Vier	Τέσσερα
Vijf	Πέντε
Vijftien	Δεκαπέντε
Zes	Έξι
Zestien	Δεκαέξι
Zeven	Επτά
Zeventien	Δεκαεπτά

Groenten
Λαχανικά

Artisjok	Αγκινάρα
Aubergine	Μελιτζάνα
Broccoli	Μπρόκολο
Erwt	Μπιζέλι
Gember	Τζίντζερ
Knoflook	Σκόρδο
Komkommer	Αγγούρι
Olijf	Ελιά
Paddestoel	Μανιτάρι
Peterselie	Μαϊντανός
Pompoen	Κολοκύθα
Raap	Γογγύλι
Radijs	Ραπανάκι
Salade	Σαλάτα
Selderij	Σέλινο
Sjalot	Εσκαλωνίδα
Spinazie	Σπανάκι
Tomaat	Ντομάτα
Ui	Κρεμμύδι
Wortel	Καρότο

Haartypes
Τύποι Μαλλιών

Blond	Ξανθά
Bruin	Καφέ
Dik	Παχύ
Droog	Ξηρό
Dun	Λεπτή
Gevlochten	Πλεγμένο
Gezond	Υγιή
Glad	Ομαλή
Glimmend	Λαμπερά
Grijs	Γκρι
Kaal	Φαλακρός
Kort	Κοντό
Krullen	Μπούκλες
Krullend	Σγουρά
Lang	Μακρύ
Vlechten	Πλεξούδες
Wit	Λευκό
Zacht	Μαλακό
Zilver	Ασημένιο
Zwart	Μαύρο

Herbalisme
Βοτανολογία

Aromatisch	Αρωματικό
Basilicum	Βασιλικού
Bloem	Λουλούδι
Culinair	Μαγειρική
Dille	Άνηθο
Dragon	Εστραγκόν
Groen	Πράσινο
Ingrediënt	Συστατικό
Knoflook	Σκόρδο
Kwaliteit	Ποιότητα
Lavendel	Λεβάντα
Marjolein	Μαντζουράνα
Oregano	Ρίγανη
Peterselie	Μαϊντανός
Rozemarijn	Δενδρολίβανο
Saffraan	Κρόκος
Smaak	Γεύση
Tijm	Θυμάρι
Tuin	Κήπος
Venkel	Μάραθο

Huis
Σπίτι

Bezem	Σκούπα
Bibliotheek	Βιβλιοθήκη
Dak	Στέγη
Deur	Πόρτα
Douche	Ντους
Garage	Γκαράζ
Haard	Τζάκι
Hek	Φράκτης
Kamer	Δωμάτιο
Kelder	Υπόγειο
Keuken	Κουζίνα
Lamp	Λάμπα
Meubilair	Έπιπλα
Muur	Τοίχος
Plafond	Ταβάνι
Schoorsteen	Καμινάδα
Slaapkamer	Υπνοδωμάτιο
Spiegel	Καθρεφτης
Tapijt	Χαλί
Tuin	Κήπος

Huisdieren
Κατοικίδια

Dierenarts	Κτηνίατρος
Geit	Γίδα
Hagedis	Σαύρα
Hamster	Χάμστερ
Hond	Σκύλος
Kat	Γάτα
Katje	Γατάκι
Klauwen	Νύχια
Koe	Αγελάδα
Konijn	Κουνέλι
Kraag	Κολάρο
Muis	Ποντίκι
Papegaai	Παπαγάλος
Poten	Πόδια
Puppy	Κουτάβι
Schildpad	Χελώνα
Staart	Ουρά
Vis	Ψάρι
Voedsel	Τροφή
Water	Νερό

Insecten
Έντομα

Bidsprinkhaan	Μάντης
Bij	Μέλισσα
Bladluis	Μελίγκρα
Cicade	Τζιτζίκι
Kakkerlak	Κατσαρίδα
Kever	Σκαθάρι
Larve	Προνύμφη
Mier	Μυρμήγκι
Mot	Σκώρος
Mug	Κουνούπι
Sprinkhaan	Ακρίδα
Termiet	Τερμίτης
Vlinder	Πεταλούδα
Vlo	Υπαίθρια
Wesp	Σφήκα
Worm	Σκουλήκι

Installaties
Φυτά

Bamboe	Μπαμπού
Bes	Μούρο
Blad	Φύλλο
Bloem	Λουλούδι
Bloesem	Άνθοσ
Boom	Δέντρο
Boon	Φασόλι
Bos	Δασοσ
Cactus	Κάκτοσ
Flora	Χλωρίδς
Gebladerte	Φύλλωμα
Gras	Γρασίδι
Klimop	Κισσόσ
Kruid	Βότανο
Mest	Λίπασμα
Mos	Βρύα
Plantkunde	Βοτανική
Tuin	Κήποσ
Vegetatie	Βλάστηση
Wortel	Ρίζα

Kampioenschap
Πρωτάθλημα

Finalist	Φιναλίστ
Games	Παιχνίδια
Kampioen	Πρωταθλητήσ
Kampioenschap	Πρωτάθλημα
Liga	Ένωση
Medaille	Μετάλλιο
Motivatie	Κίνητρο
Prestatie	Απόδοση
Rechter	Δικαστήσ
Sport	Αθλητική
Strategie	Στρατηγική
Team	Ομάδα
Toernooi	Τουρνουά
Trainer	Προπονητήσ
Transpiratie	Εφίδρωση
Zege	Νίκη

Kastelen
Κάστρα

Draak	Δράκοσ
Dynastie	Δυναστεία
Edele	Ευγενήσ
Feodaal	Φεουδαρχική
Fort	Φρούριο
Harnas	Πανοπλία
Katapult	Καταπέλτησ
Kerker	Μπουντρούμι
Koninkrijk	Βασίλειο
Kroon	Στέμμα
Muur	Τοίχοσ
Paard	Άλογο
Paleis	Παλάτι
Prins	Πρίγκιπασ
Prinses	Πριγκίπισσα
Ridder	Ιππότησ
Rijk	Αυτοκρατορία
Schild	Ασπίδα
Toren	Πύργοσ
Zwaard	Σπαθί

Katten
Γάτες

Bont	Γούνα
Garen	Νήμα
Gek	Τρελό,
Grappig	Αστείο
Jager	Κυνηγόσ
Klauw	Νύχι
Muis	Ποντίκι
Nieuwsgierig	Περίεργοσ
Onafhankelijk	Ανεξάρτητη
Persoonlijkheid	Προσωπικότητα
Poot	Πόδι
Slaap	Κοιμάμαι
Speels	Παιχνιδιάρικο
Staart	Ουρά
Verlegen	Ντροπαλοσ
Wild	Άγριο

Keuken
Κουζίνα

Cup	Κύπελλα
Eetstokjes	Ξυλάκια
Grill	Σχάρα
Ketel	Βραστήρασ
Koelkast	Ψυγείο
Kom	Μπολ
Kruik	Κανάτα
Lepels	Κουτάλια
Messen	Μαχαίρια
Oven	Φούρνοσ
Pollepel	Κουτάλα
Recept	Συνταγή
Schort	Ποδιά
Servet	Χαρτοπετσέτα
Specerijen	Μπαχαρικό
Spons	Σφουγγάρι
Voedsel	Τροφή
Vorken	Πιρούνια

Kleding
Ρούχα

Armband	Βραχιόλι
Blouse	Μπλούζα
Broek	Παντελόνι
Handschoenen	Γάντια
Hoed	Καπέλο
Jas	Παλτό
Jasje	Σακάκι
Jurk	Φόρεμα
Ketting	Κολιέ
Mode	Μόδα
Pyjama	Πιτζάμα
Riem	Ζώνη
Rok	Φούστα
Sandalen	Σανδάλια
Schoen	Παπούτσι
Schort	Ποδιά
Shirt	Πουκάμισο
Sjaal	Κασκόλ
Sokken	Κάλτσα
Trui	Πουλόβερ

Kleuren
Χρώματα

Azuur	Γαλάζιο
Beige	Μπεζ
Blauw	Μπλε
Bruin	Καφέ
Cyaan	Κυανό
Fuchsia	Φούξια
Geel	Κίτρινο
Grijs	Γκρι
Groen	Πράσινο
Indigo	Λουλακί
Oranje	Πορτοκάλι
Paars	Μοβ
Rood	Κόκκινο
Roze	Ροζ
Sepia	Σέπια
Wit	Λευκό
Zwart	Μαύρο

Klimmen
Αναρρίχηση

Atmosfeer	Ατμόσφαιρα
Fysiek	Φυσική
Gidsen	Οδηγοί
Grot	Σπήλαιο
Handschoenen	Γάντια
Helm	Κράνοσ
Hoogte	Υψόμετρο
Kaart	Χάρτη
Kracht	Δύναμη
Laarzen	Μπότεσ
Letsel	Τραυματισμό
Nieuwsgierigheid	Περιέργεια
Opleiding	Κατάρτιση
Smal	Στενό
Stabiliteit	Σταθερότητα
Terrein	Έδαφοσ
Wandelen	Πεζοπορία

Komedie
Κωμωδία

Acteur	Φορέασ
Actrice	Ηθοποιόσ
Applaus	Χειροκρότημα
Clowns	Κλόουν
Expressief	Εκφραστική
Gelach	Γέλιο
Genre	Είδοσ
Grappen	Αστεία
Grappig	Αστείο
Humor	Χιούμορ
Parodie	Παρωδία
Plezier	Διασκέδαση
Publiek	Ακροατήριο
Televisie	Τηλεόραση
Theater	Θέατρο

Kunst
Τέχνη

Beeldhouwwerk	Γλυπτική
Complex	Σύνθετη
Creëren	Δημιουργώ
Eenvoudig	Απλόσ
Geïnspireerd	Εμπνευσμένη
Humeur	Διάθεση
Keramisch	Κεραμική
Onderwerp	Θέμα
Origineel	Αρχική
Persoonlijk	Προσωπικό
Poëzie	Ποίηση
Samenstelling	Σύνθεση
Schilderijen	Ζωγραφική
Surrealisme	Σουρεαλισμόσ
Symbool	Σύμβολο
Uitdrukking	Έκφραση
Visueel	Οπτική

Kunstbenodigdheden
Είδη Τέχνης

Acryl	Ακρυλικό
Aquarellen	Ακουαρέλεσ
Borstels	Πινέλο
Ezel	Καβαλέτο
Gom	Γόμα
Houtskool	Κάρβουνο
Ideeën	Ιδέα
Inkt	Μελάνι
Kleuren	Χρώματα
Lijm	Κόλλα
Olie	Λάδι
Papier	Χαρτί
Pastel	Παστέλ
Potloden	Μολύβια
Stoel	Καρέκλα
Tafel	Τραπέζι
Water	Νερό

Landen #2
Χώρες #2

Denemarken	Δανία
Ethiopië	Αιθιοπία
Frankrijk	Γαλλία
Griekenland	Ελλάδα
Ierland	Ιρλανδία
Indonesië	Ινδονησία
Japan	Ιαπωνία
Kenia	Κένυα
Laos	Λάοσ
Libanon	Λίβανοσ
Liberia	Λιβερία
Maleisië	Μαλαισία
Mexico	Μεξικό
Nepal	Νεπάλ
Nigeria	Νιγηρία
Oeganda	Ουγκάντα
Oekraïne	Ουκρανία
Rusland	Ρωσία
Somalië	Σομαλία
Syrië	Συρία

Landschappen
Τοπία

Berg	Βουνό
Eiland	Νησί
Gletsjer	Παγετώνισσ
Golf	Κόλποσ
Grot	Σπήλαιο
Heuvel	Λόφο
Ijsberg	Παγόβουνο
Meer	Λίμνη
Moeras	Βάλτοσ
Oase	Όαση
Oceaan	Ωκεανόσ
Rivier	Ποταμόσ
Schiereiland	Χερσόνησο
Strand	Παραλία
Toendra	Τούνδρα
Vallei	Κοιλάδα
Vulkaan	Ηφαίστεισ
Waterval	Καταρράκτη
Woestijn	Ερήμου
Zee	Θάλασσα

Literatuur
Λογοτεχνία

Analogie	Αναλογία
Analyse	Ανάλυση
Anekdote	Ανέκδοτο
Auteur	Συγγραφέασ
Biografie	Βιογραφία
Conclusie	Συμπέρασμα
Dialoog	Διάλογοσ
Fictie	Φαντασία
Gedicht	Ποίημα
Mening	Γνώμη
Metafoor	Μεταφορά
Omschrijving	Περιγραφή
Poëtisch	Ποιητική
Ritme	Ρυθμού
Roman	Μυθιστόρημα
Stijl	Στυλ
Thema	Θέμα
Tragedie	Τραγωδία
Vergelijking	Σύγκριση
Verteller	Αφηγητήσ

Meditatie
Διαλογισμός

Aandacht	Προσοχή
Aanvaarding	Αποδοχή
Ademhaling	Αναπνοή
Beweging	Κίνηση
Dankbaarheid	Ευγνωμοσύνη
Emoties	Συναισθήματα
Gedachten	Σκέψη
Geluk	Ευτυχία
Helderheid	Σαφήνεια
Houding	Στάση
Mededogen	Συμπόνια
Mentaal	Ψυχική
Muziek	Μουσική
Natuur	Φύση
Observatie	Παρατήρηση
Perspectief	Προοπτική
Stilte	Σιωπή
Vrede	Ειρήνη
Vriendelijkheid	Καλοσύνη
Wakker	Ξύπνησε

Meer Informatie
Επιστημονική Φαντασία

Atoom	Ατομικό
Boeken	Βιβλία
Brand	Φωτιά
Chemicaliën	Χημική
Denkbeeldig	Φανταστικό
Dystopie	Δυστοπία
Explosie	Έκρηξη
Extreem	Άκρο
Futuristisch	Φουτουριστικό
Illusie	Ψευδαίσθηση
Mysterieus	Μυστηριώδησ
Orakel	Μαντείο
Planeet	Πλανήτησ
Realistisch	Ρεαλιστική
Robots	Ρομπότ
Scenario	Σενάριο
Sterrenstelsel	Γαλαξίασ
Technologie	Τεχνολογία
Utopie	Ουτοπία
Wereld	Κόσμο

Menselijk Lichaam
Ανθρώπινο Σώμα

Been	Πόδι
Bloed	Αίμα
Elleboog	Αγκώνα
Enkel	Αστράγαλοσ
Hand	Χέρι
Hart	Καρδιά
Hersenen	Μυαλό
Hoofd	Κεφάλι
Huid	Δέρμα
Kaak	Σαγόνι
Kin	Πηγούνι
Knie	Γόνατο
Maag	Στομάχι
Mond	Στόμα
Nek	Λαιμόσ
Neus	Μύτη
Oor	Αυτί
Schouder	Ώμοσ
Tong	Γλώσσα
Vinger	Δάχτυλο

Metingen
Μετρήσεις

Breedte	Πλάτοσ
Byte	Ψηφιολεξη
Centimeter	Εκατοστό
Decimaal	Δεκαδικό
Diepte	Βάθοσ
Gewicht	Ζυγίζω
Graad	Βαθμόσ
Gram	Γραμμάριο
Hoogte	Υψοσ
Inch	Ίντσα
Kilogram	Χιλιόγραμμο
Kilometer	Χιλιόμετρο
Lengte	Μήκοσ
Liter	Λίτρο
Massa	Μάζα
Meter	Μέτρο
Minuut	Λεπτό
Ons	Ουγγιά
Ton	Τόνοσ
Volume	Ένταση

Meubels
Έπιπλα

Bank	Καναπέ
Bed	Κρεβάτι
Boekenkast	Βιβλιοθήκη
Bureau	Γραφείο
Dressoir	Κομμό
Fauteuil	Πολυθρόνα
Futon	Φουτόν
Gordijnen	Κουρτίνα
Hangmat	Αιώρα
Kussen	Μαξιλάρι
Kussens	Μαξιλάρια
Lamp	Λάμπα
Matras	Στρώμα
Planken	Ράφια
Spiegel	Καθρεφτησ
Stoel	Καρέκλα
Tapijt	Χαλί

Muziekinstrumenten
Μουσικά Όργανα

Banjo	Μπάντζο
Cello	Βιολοντσέλο
Fagot	Φαγκότο
Fluit	Φλάουτο
Gitaar	Κιθάρα
Gong	Γκονγκ
Harp	Άρπα
Hobo	Όμποε
Klarinet	Κλαρινέτο
Mandoline	Μαντολίνο
Marimba	Μαρίμπα
Mondharmonica	Φυσαρμόνικα
Percussie	Κρούση
Piano	Πιάνο
Saxofoon	Σαξόφωνο
Tamboerijn	Ντέφι
Trombone	Τρομπόνι
Trommel	Τύμπανο
Trompet	Τρομπέτα
Viool	Βιολί

Mythologie
Μυθολογία

Archetype	Αρχέτυπο
Bliksem	Αστραπή
Creatie	Δημιουργία
Cultuur	Πολιτισμός
Donder	Βροντή
Doolhof	Λαβύρινθοσ
Gedrag	Συμπεριφορά
Held	Ήρωασ
Heldin	Ηρωίδα
Jaloezie	Ζήλια
Kracht	Δύναμη
Krijger	Πολεμιστήσ
Legende	Θρύλοσ
Magisch	Μαγικό
Monster	Τέρασ
Onsterfelijkheid	Αθανασία
Ramp	Καταστροφή
Sterfelijk	Θνητόσ
Wezen	Πλάσμα
Wraak	Εκδίκηση

Natuur
Φύση

Arctisch	Αρκτική
Bergen	Βουνά
Bijen	Μέλισσεσ
Bos	Δασοσ
Dieren	Ζώα
Dynamisch	Δυναμική
Erosie	Διάβρωση
Gebladerte	Φύλλωμα
Gletsjer	Παγετώνασ
Heiligdom	Ιερό
Mist	Ομίχλη
Rivier	Ποταμόσ
Schoonheid	Ομορφιά
Schuilplaats	Καταφύγιο
Sereen	Γαλήνιο
Tropisch	Τροπική
Vitaal	Ζωτική
Wild	Άγριο
Woestijn	Ερήμου
Wolken	Σύννεφα

Oceaan
Ωκεανός

Aal	Χέλι
Algen	Άλγη
Boot	Βάρκα
Dolfijn	Δελφίνι
Garnaal	Γαρίδα
Getijden	Παλίρροια
Haai	Καρχαρίασ
Koraal	Κοράλλι
Krab	Καβούρι
Kwal	Μέδουσεσ
Octopus	Χταπόδι
Oester	Στρείδι
Rif	Ξέρα
Schildpad	Χελώνα
Spons	Σφουγγάρι
Storm	Καταιγίδα
Tonijn	Τόνοσ
Vis	Ψάρι
Walvis	Φάλαινα
Zout	Αλάτι

Om in te Vullen
Για Γέμισμα

Bekken	Λεκάνη
Buis	Σωλήνασ
Dienblad	Δίσκοσ
Doos	Κουτί
Envelop	Φάκελοσ
Fles	Μπουκάλι
Karton	Χαρτοκιβώτιο
Koffer	Βαλίτσα
Krat	Κιβώτιο
Lade	Συρτάρι
Mand	Καλάθι
Map	Φάκελο
Pakje	Πακέτο
Vaas	Βάζο
Vat	Βαρέλι
Zak	Τσέπη

Piraten
Πειρατές

Anker	Άγκυρα
Avontuur	Περιπέτεια
Bemanning	Πλήρωμα
Eiland	Νησί
Gevaar	Κινδύνου
Goud	Χρυσός
Grot	Σπήλαιο
Kaart	Χάρτη
Kapitein	Λοχαγός
Kompas	Πυξίδα
Legende	Θρύλος
Litteken	Ουλή
Oceaan	Ωκεανός
Papegaai	Παπαγάλος
Rum	Ρούμι
Schat	Θησαυρός
Slecht	Κακό
Strand	Παραλία
Vlag	Σημαία
Zwaard	Σπαθί

Regenwoud
Τροπικό Δάσος

Amfibieën	Αμφίβια
Behoud	Διατήρηση
Botanisch	Βοτανική
Diversiteit	Ποικιλία
Gemeenschap	Κοινότητα
Insecten	Έντομα
Jungle	Ζούγκλα
Klimaat	Κλίμα
Mos	Βρύα
Natuur	Φύση
Overleving	Επιβίωση
Respect	Σέβομαι
Restauratie	Αποκατάσταση
Soort	Είδος
Toevlucht	Καταφύγιο
Vogels	Πουλιά
Waardevol	Πολύτιμα
Wolken	Σύννεφα
Zoogdieren	Θηλαστικά

Restaurant #1
Εστιατόριο #1

Allergie	Αλλεργία
Bord	Πλάκα
Brood	Ψωμί
Ingrediënten	Συστατικά
Keuken	Κουζίνα
Kip	Κοτόπουλο
Koffie	Καφέ
Kom	Μπολ
Menu	Μενού
Mes	Μαχαίρι
Pittig	Πικάντικο
Reservering	Κράτηση
Saus	Σάλτσα
Serveerster	Σερβιτόρα
Servet	Χαρτοπετσέτα
Toetje	Επιδόρπιο
Vlees	Κρέας
Voedsel	Τροφή

Restaurant #2
Εστιατόριο #2

Cake	Κέικ
Diner	Δείπνο
Drank	Ποτό
Eieren	Αυγα
Fruit	Φρούτο
Groente	Λαχανικα
Heerlijk	Νόστιμο
Ijs	Πάγος
Lepel	Κουτάλι
Lunch	Γεύμα
Noedels	Λαζάνια
Ober	Σερβιτόρος
Salade	Σαλάτα
Soep	Σούπα
Specerijen	Μπαχαρ κό
Stoel	Καρέκλα
Vis	Ψάρι
Vork	Πιρούνι
Water	Νερό
Zout	Αλάτι

Rijden
Οδήγηση

Auto	Αυτοκίνητο
Brandstof	Καύσιμο
Garage	Γκαράζ
Gas	Αέριο
Gevaar	Κινδύνου
Kaart	Χάρτη
Licentie	Άδεια
Motor	Μοτέρ
Motorfiets	Μοτοσυκλέτα
Ongeluk	Ατύχημα
Politie	Αστυνομία
Remmen	Φρένα
Snelheid	Ταχύτητα
Straat	Δρόμο
Tunnel	Σήραγγα
Veiligheid	Ασφάλεια
Verkeer	Κυκλοφορία
Voetganger	Πεζός
Vrachtauto	Φορτηγό
Weg	Δρόμος

Schaken
Σκάκι

Diagonaal	Διαγώνιος
Kampioen	Πρωταθλητής
Koning	Βασιλιάς
Koningin	Βασίλισσα
Offer	Θυσία
Passief	Παθητική
Punten	Σημεία
Spel	Παιχνίδι
Speler	Παίκτη
Strategie	Στρατηγική
Tegenstander	Αντίπαλος
Tijd	Ώρα
Toernooi	Τουρνουά
Wit	Λευκό
Zwart	Μαύρο

School #1
Σχολείο #1

Alfabet	Αλφάβητο
Antwoorden	Απάντηση
Bibliotheek	Βιβλιοθήκη
Boeken	Βιβλία
Bureau	Γραφείο
Cijfers	Αριθμοί
Examens	Εξετάσεισ
Klaslokaal	Τάξη
Leraar	Δάσκαλος
Lunch	Γεύμα
Mappen	Φακελοι
Papier	Χαρτί
Pennen	Στυλό
Plezier	Διασκέδαση
Potlood	Μολύβι
Quiz	Κουίζ
Stoel	Καρέκλα
Vrienden	Φίλοι
Wiskunde	Μαθηματικά

School #2
Σχολείο #2

Academisch	Ακαδημαϊκή
Bibliotheek	Βιβλιοθήκη
Boeken	Βιβλία
Bus	Λεωφορείο
Computer	Υπολογιστή
Grammatica	Γραμματική
Huiswerk	Εργασία
Kalender	Ημερολόγιο
Leraar	Δάσκαλος
Literatuur	Λογοτεχνία
Onderwijs	Εκπαίδευση
Papier	Χαρτί
Pennen	Στυλό
Potlood	Μολύβι
Rugzak	Σακίδιο
Schaar	Ψαλίδι
Schoenen	Παπούτσια
Wetenschap	Επιστήμη
Wiskunde	Μαθηματικά
Woordenboek	Λεξικό

Specerijen
Μπαχαρικά

Anijs	Γλυκάνισο
Bitter	Πικρή
Gember	Τζίντζερ
Kaneel	Κανέλα
Kardemom	Κάρδαμο
Kerrie	Κάρυ
Knoflook	Σκόρδο
Komijn	Κύμινο
Kruidnagel	Γαρύφαλλο
Kurkuma	Κουρκούμη
Nootmuskaat	Μοσχοκάρυδο
Paprika	Πάπρικα
Peper	Πιπέρι
Saffraan	Κρόκοσ
Smaak	Γεύση
Ui	Κρεμμύδι
Vanille	Βανίλια
Venkel	Μάραθο
Zoet	Γλυκό
Zout	Αλάτι

Speelgoed
Παιχνίδια

Ambachten	Βιοτεχνία
Auto	Αυτοκίνητο
Bal	Μπάλα
Boeken	Βιβλία
Boot	Βάρκα
Drums	Τύμπανα
Favoriet	Αγαπημένοσ
Fiets	Ποδήλατο
Games	Παιχνίδια
Pop	Κούκλα
Puzzel	Παζλ
Robot	Ρομπότ
Schaak	Σκάκι
Trein	Τρένο
Verbeelding	Φαντασία
Verf	Χρώματα
Vlieger	Χαρταετόσ
Vliegtuig	Αεροπλάνο
Vrachtauto	Φορτηγό

Sport
Αθλητισμός

Atleet	Αθλητήσ
Basketbal	Μπάσκετ
Beweging	Κίνηση
Fiets	Ποδήλατο
Golf	Γκολφ
Gymnasium	Γυμνάσιο
Gymnastiek	Γυμναστική
Hockey	Χόκεϊ
Honkbal	Μπέιζμπολ
Kampioenschap	Πρωτάθλημα
Scheidsrechter	Διαιτητήσ
Spel	Παιχνίδι
Speler	Παίκτη
Stadion	Στάδιο
Team	Ομάδα
Tennis	Τένισ
Trainer	Προπονητήσ
Winnaar	Νικητήσ

Stad
Πόλη

Apotheek	Φαρμακείο
Bakkerij	Αρτοποιείο
Bank	Τράπεζα
Bibliotheek	Βιβλιοθήκη
Bloemist	Ανθοπωλείο
Boekhandel	Βιβλιοπωλείο
Dierentuin	Ζωολογικό
Galerij	Συλλογή
Hotel	Ξενοδοχείο
Kliniek	Κλινική
Luchthaven	Αεροδρόμιο
Markt	Αγορά
Museum	Μουσείο
Restaurant	Εστιατόριο
School	Σχολείο
Stadion	Στάδιο
Supermarkt	Μάρκετ
Theater	Θέατρο
Universiteit	Πανεπιστήμιο
Winkel	Αποθηκεύω

Strand
Παραλία

Blauw	Μπλε
Boot	Βάρκα
Dok	Αποβάθρα
Eiland	Νησί
Handdoek	Πετσέτα
Krab	Καβούρι
Kust	Ακτή
Lagune	Λιμνοθάλασσα
Oceaan	Ωκεανός
Paraplu	Ομπρέλα
Rif	Ξέρα
Sandalen	Σανδάλια
Schelpen	Κοχύλια
Vakantie	Διακοπές
Zand	Άμμο
Zee	Θάλασσα
Zeilboot	Ιστιοφόρο
Zon	Ήλιοσ

Surfen
Σέρφινγκ

Atleet	Αθλητήσ
Beginner	Αρχάριοσ
Extreem	Άκρο
Golf	Κύμα
Kampioen	Πρωταθλητήσ
Kracht	Δύναμη
Maag	Στομάχι
Menigte	Πλήθη
Oceaan	Ωκεανός
Peddelen	Κουπί
Plezier	Διασκέδαση
Populair	Δημοφιλήσ
Rif	Ξέρα
Schuim	Αφρόσ
Snelheid	Ταχύτητα
Stijl	Στυλ
Strand	Παραλία
Weer	Καιρόσ

Technologie
Τεχνολογία

Bericht	Μήνυμα
Bestand	Αρχείο
Blog	Ιστολόγιο
Browser	Περιήγησησ
Bytes	Ψηφιολέξεισ
Computer	Υπολογιστή
Cursor	Δρομεασ
Digitaal	Ψηφιακή
Gegevens	Δεδομένα
Internet	Διαδίκτυο
Onderzoek	Έρευνα
Scherm	Οθόνη
Software	Λογισμικό
Statistiek	Στατιστική
Veiligheid	Ασφάλεια
Virtueel	Εικονική
Virus	Ιόσ

Tijd
Χρόνος

Dag	Μέρα
Decennium	Δεκαετία
Eeuw	Αιώνασ
Gisteren	Χθεσ
Jaar	Ετοσ
Jaarlijks	Ετήσια
Kalender	Ημερολόγιο
Klok	Ρολόι
Maand	Μήνασ
Middag	Μεσημέρι
Minuut	Λεπτό
Na	Μετά
Nacht	Νύχτα
Nu	Τώρα
Ochtend	Πρωί
Toekomst	Μέλλον
Uur	Ώρα
Vandaag	Σήμερα
Vroeg	Αρχή
Week	Εβδομάδα

Tuin
Κήπος

Bank	Παγκάκι
Bloem	Λουλούδι
Boom	Δέντρο
Boomgaard	Περιβόλι
Garage	Γκαράζ
Gazon	Γκαζόν
Gras	Γρασίδι
Hangmat	Αιώρα
Hark	Τσουγκράνα
Hek	Φρακτησ
Onkruid	Ζιζάνια
Schop	Φτυάρι
Slang	Σωλήνα
Terras	Βεράντα
Trampoline	Τραμπολίνο
Tuin	Κήποσ
Vijver	Λίμνη
Wijnstok	Αμπέλι

Vakantie #1
Διακοπές #1

Auto	Αυτοκίνητο
Douane	Τελωνείο
Expeditie	Εκδρομή
Kaartje	Εισιτήριο
Koffer	Βαλίτσα
Meer	Λίμνη
Museum	Μουσείο
Ontspanning	Χαλάρωση
Paraplu	Ομπρέλα
Reisplan	Δρομολόγιο
Rugzak	Σακίδιο
Toerist	Τουριστασ
Tram	Τραμ
Valuta	Νόμισμα
Vertrek	Αναχώρηση
Vliegtuig	Αεροπλάνο

Vakantie #2
Διακοπές #2

Bergen	Βουνά
Bestemming	Προορισμόσ
Buitenlands	Ξένο
Eiland	Νησί
Hotel	Ξενοδοχείο
Kaart	Χάρτη
Kamperen	Κάμπινγκ
Luchthaven	Αεροδρόμιο
Paspoort	Διαβατήριο
Reis	Ταξίδι
Restaurant	Εστιατόριο
Strand	Παραλία
Taxi	Ταξί
Tent	Σκηνή
Trein	Τρένο
Vervoer	Μεταφορά
Visum	Βίζα
Vrije Tijd	Αναψυχή
Zee	Θάλασσα

Verjaardag
Γενέθλια

Blij	Χαρούμενο
Cake	Κέικ
Dag	Μέρα
Gelukkig	Ευτυχισμένο
Geschenk	Δώρο
Jaar	Ετοσ
Kaarsen	Κερί
Kaarten	Κάρτεσ
Kalender	Ημερολόγιο
Lied	Τραγούδι
Plezier	Διασκέδαση
Speciaal	Ειδική
Tijd	Ώρα
Uitnodigingen	Πρόσκληση
Viering	Γιορτή
Vrienden	Φίλοι
Wijsheid	Σοφία

Vissen
Ψάρεμα

Aas	Δόλωμα
Apparatuur	Εξοπλισμόσ
Boot	Βάρκα
Draad	Σύρμα
Geduld	Υπομονή
Gewicht	Ζυγίζω
Haak	Άγκιστρο
Kaak	Σαγόνι
Kieuwen	Βράγχια
Mand	Καλάθι
Meer	Λίμνη
Oceaan	Ωκεανόσ
Overdrijving	Υπερβολή
Rivier	Ποταμόσ
Seizoen	Εποχή
Strand	Παραλία
Vinnen	Πτερύγια
Water	Νερό

Vliegtuigen
Αεροπλάνα

Afdaling	Καταγωγή
Atmosfeer	Ατμόσφαιρα
Avontuur	Περιπέτεια
Ballon	Μπαλόνι
Bemanning	Πλήρωμα
Bouw	Κατασκευή
Brandstof	Καύσιμο
Geschiedenis	Ιστορία
Hemel	Ουρανόσ
Hoogte	Υψοσ
Landen	Προσγείωση
Lucht	Αέρασ
Motor	Μηχανή
Ontwerp	Σχέδιο
Passagier	Επιβάτη
Piloot	Πιλοτική
Propellers	Έλικα
Richting	Κατεύθυνση
Turbulentie	Αναταραχή
Waterstof	Υδρογόνο

Voeding
Διατροφή

Bitter	Πικρή
Calorieën	Θερμιδεσ
Dieet	Διατροφή
Eetbaar	Βρώσιμα
Eetlust	Όρεξη
Eiwitten	Πρωτεΐνεσ
Evenwichtig	Ισορροπημένη
Fermentatie	Ζύμωση
Gewicht	Ζυγίζω
Gezond	Υγιή
Gezondheid	Υγεία
Kwaliteit	Ποιότητα
Saus	Σάλτσα
Smaak	Γεύση
Specerijen	Μπαχαρικό
Spijsvertering	Πέψη
Toxine	Τοξίνη
Vitamine	Βιταμίνη
Vloeistoffen	Υγρά
Voedingsstof	Θρεπτική

Voertuigen
Οχήματα

Ambulance	Ασθενοφόρο
Auto	Αυτοκίνητο
Banden	Λάστιχα
Boot	Βάρκα
Bus	Λεωφορείο
Caravan	Τροχόσπιτο
Fiets	Ποδήλατο
Helikopter	Ελικόπτερο
Metro	Μετρό
Motor	Μηχανή
Onderzeeër	Υποβρύχιο
Raket	Ρουκέτα
Scooter	Σκούτερ
Taxi	Ταξί
Tractor	Τρακτέρ
Trein	Τρένο
Veerboot	Πορθμείο
Vliegtuig	Αεροπλάνο
Vlot	Σχεδία
Vrachtauto	Φορτηγό

Vogels
Πουλιά

Adelaar	Αετόσ
Duif	Περιστέρι
Eend	Πάπια
Ei	Αυγό
Flamingo	Φλαμίνγκο
Gans	Χήνα
Havik	Γεράκι
Kip	Κοτόπουλο
Koekoek	Κούκοσ
Meeuw	Γλάροσ
Mus	Σπουργίτι
Ooievaar	Πελαργόσ
Papegaai	Παπαγάλοσ
Pauw	Παγώνι
Pelikaan	Πελεκαν
Pinguïn	Πιγκουίνοσ
Reiger	Ερωδιοσ
Toekan	Τουκάν
Uil	Κουκουβάγια
Zwaan	Κύκνοσ

Vormen
Σχήματα

Bol	Σφαίρα
Boog	Τόξο
Cilinder	Κύλινδροσ
Cirkel	Κύκλοσ
Curve	Καμπύλη
Driehoek	Τριγώνου
Hoek	Γωνία
Hyperbool	Υπερβολή
Kant	Πλευρά
Kegel	Κώνοσ
Kubus	Κύβοσ
Lijn	Γραμμή
Ovaal	Έλλειψη
Piramide	Πυραμίδα
Prisma	Πρίσμα
Randen	Άκρη
Rechthoek	Ορθογώνιο
Veelhoek	Πολύγωνο
Vierkant	Πλατεία

Wandelen
Πεζοπορία

Berg	Βουνό
Dieren	Ζώα
Gidsen	Οδηγοί
Kaart	Χάρτη
Kamperen	Κάμπινγκ
Klif	Βράχο
Klimaat	Κλίμα
Laarzen	Μπότεσ
Moe	Κουρασμένοσ
Muggen	Κουνούπια
Natuur	Φύση
Parken	Πάρκα
Stenen	Πέτρα
Top	Κορυφή
Voorbereiding	Παρασκευή
Water	Νερό
Weer	Καιρόσ
Wild	Άγριο
Zon	Ήλιοσ
Zwaar	Βαριά

Water
Νερό

Douche	Ντουσ
Drinkbaar	Πόσιμο
Golven	Κύματα
Ijs	Πάγοσ
Irrigatie	Άρδευση
Kanaal	Κανάλι
Meer	Λίμνη
Moesson	Μουσώνασ
Oceaan	Ωκεανόσ
Orkaan	Χιουρικανασ
Overstroming	Πλημμύρα
Regen	Βροχή
Rivier	Ποταμόσ
Sneeuw	Χιόνι
Stoom	Ατμού
Verdamping	Εξάτμιση
Vochtig	Υγρό
Vochtigheid	Υγρασία
Vorst	Παγωνιά

Weersomstandigheden
Καιρός

Atmosfeer	Ατμόσφαιρα
Bliksem	Αστραπή
Donder	Βροντή
Droog	Ξηρό
Droogte	Ξηρασία
Hemel	Ουρανόσ
Ijs	Πάγοσ
Klimaat	Κλίμα
Mist	Ομίχλη
Moesson	Μουσώνασ
Orkaan	Χιουρικανασ
Overstroming	Πλημμύρα
Polair	Πολική
Regenboog	Ουράνιο Τόξο
Storm	Καταιγίδα
Temperatuur	Θερμοκρασία
Tropisch	Τροπική
Vochtig	Υγρό
Wind	Άνεμοσ
Wolk	Σύννεφο

Wetenschap
Επιστήμη

Atoom	Άτομο
Chemisch	Χημική
Deeltjes	Σωματίδια
Evolutie	Εξέλιξη
Experiment	Πείραμα
Feit	Γεγονόσ
Fossiel	Απολίθωμα
Gegevens	Δεδομένα
Hypothese	Υπόθεση
Klimaat	Κλίμα
Laboratorium	Εργαστήριο
Methode	Μέθοδοσ
Mineralen	Ορυκτά
Moleculen	Μόρια
Natuur	Φύση
Natuurkunde	Φυσική
Observatie	Παρατήρηση
Organisme	Οργανισμόσ
Wetenschapper	Επιστήμονασ
Zwaartekracht	Βαρύτητα

Wetenschappelijke Discip
Επιστημονικοί Κλάδοι

Anatomie	Ανατομία
Archeologie	Αρχαιολογία
Astronomie	Αστρονομία
Biochemie	Βιοχημεία
Biologie	Βιολογία
Chemie	Χημεία
Ecologie	Οικολογία
Fysiologie	Φυσιολογία
Geologie	Γεωλογία
Immunologie	Ανοσολογία
Mechanica	Μηχανική
Meteorologie	Μετεωρολογία
Mineralogie	Ορυκτολογία
Neurologie	Νευρολογία
Plantkunde	Βοτανική
Psychologie	Ψυχολογία
Robotica	Ρομποτική
Sociologie	Κοινωνιολογία
Thermodynamica	Θερμοδυναμική
Voeding	Διατροφή

Wiskunde
Μαθηματικά

Bol	Σφαίρα
Decimaal	Δεκαδικό
Diameter	Διάμετροσ
Divisie	Διαίρεση
Driehoek	Τριγώνου
Exponent	Εκθέτη
Fractie	Κλάσμα
Geometrie	Γεωμετρία
Hoeken	Γωνία
Loodrecht	Κάθετοσ
Omtrek	Περιφέρεια
Parallel	Παράλληλη
Rechthoek	Ορθογώνιο
Rekenkundig	Αριθμητική
Som	Άθροισμα
Symmetrie	Συμμετρία
Veelhoek	Πολύγωνο
Vergelijking	Εξίσωση
Vierkant	Πλατεία
Volume	Ένταση

Zomer
Καλοκαίρι

Boeken	Βιβλία
Duiken	Καταδύσεισ
Familie	Οικογένεια
Games	Παιχνίδια
Huis	Σπίτι
Kamperen	Κάμπινγκ
Muziek	Μουσική
Ontspanning	Χαλάρωση
Reis	Ταξίδι
Sandalen	Σανδάλια
Sterren	Αστέρια
Strand	Παραλία
Tuin	Κήποσ
Vakantie	Διακοπέσ
Voedsel	Τροφή
Vreugde	Χαρά
Vrienden	Φίλοι
Vrije Tijd	Αναψυχή
Zee	Θάλασσα

Zoogdieren
Θηλαστικά

Aap	Μαϊμού
Bever	Κάστορασ
Coyote	Κογιότ
Dolfijn	Δελφίνι
Ezel	Γαϊδούρι
Geit	Γίδα
Giraf	Καμηλοπάρδαλη
Gorilla	Γορίλασ
Hond	Σκύλοσ
Kameel	Καμήλα
Kangoeroe	Καγκουρό
Kat	Γάτα
Konijn	Κουνέλι
Leeuw	Λιοντάρι
Olifant	Ελέφαντασ
Paard	Άλογο
Stier	Ταύροσ
Vos	Αλεπού
Walvis	Φάλαινα
Wolf	Λύκοσ

Gefeliciteerd

Je hebt het gehaald!

We hopen dat u net zoveel plezier beleeft aan dit boek als wij aan het maken ervan. We doen ons best om spellen van hoge kwaliteit te maken.
Deze puzzels zijn op een slimme manier ontworpen zodat je actief kunt leren terwijl je plezier hebt!

Vond je ze mooi?

Een Eenvoudig Verzoek

Onze boeken bestaan dankzij de recensies die zij publiceren.
Kunt u ons helpen door nu een mening achter te laten ?

Hier is een korte link die u naar uw
bestellingen beoordelingspagina.

BestBooksActivity.com/Recensie50

FINAAL UITDAGING!

Uitdaging nr. 1

Klaar voor uw bonusspel? We gebruiken ze de hele tijd, maar ze zijn niet zo gemakkelijk te vinden. Hier zijn **Synoniemen!**

Noteer 5 woorden die je ontdekt hebt in elk van de onderstaande puzzels (nr. 21, nr. 36, nr. 76) en probeer voor elk woord 2 synoniemen te vinden.

*Notitie 5 Woorden uit **Puzzle 21***

Woorden	Synoniem 1	Synoniem 2

*Notitie 5 Woorden uit **Puzzle 36***

Woorden	Synoniem 1	Synoniem 2

*Notitie 5 Woorden uit **Puzzle 76***

Woorden	Synoniem 1	Synoniem 2

Uitdaging nr. 2

Nu je opgewarmd bent, noteer 5 woorden die je ontdekt hebt in elke hieronder genoteerde puzzel (nr. 9, nr. 17, nr. 25) en probeer voor elk woord 2 antoniemen te vinden. Hoeveel regels kan je doen in 20 minuten?

Notitie 5 Woorden uit **Puzzle 9**

Woorden	Antoniem 1	Antoniem 2

Notitie 5 Woorden uit **Puzzle 17**

Woorden	Antoniem 1	Antoniem 2

Notitie 5 Woorden uit **Puzzle 25**

Woorden	Antoniem 1	Antoniem 2

Uitdaging nr. 3

Prachtig, deze finaal uitdaging is makkelijk voor jou!

Klaar voor de laatste? Kies je 10 favoriete woorden die je in een van de puzzels hebt ontdekt en noteer ze hieronder.

1.	6.
2.	7.
3.	8.
4.	9.
5.	10.

De uitdaging is nu om met deze woorden en binnen een maximum van zes zinnen een tekst te schrijven over een persoon, dier of plaats waar je van houdt!

Tip: U kunt de laatste blanco pagina van dit boek als kladblaadje gebruiken!

Je schrijven:

NOTITIEBOEKJE:

TOT SNEL!

Linguas Classics

GENIET VAN GRATIS SPELLEN

GO

↓

BESTACTIVITYBOOKS.COM/FREEGAMES